U0089185

中國學術思想研究輯刊

三一編

林慶彰 主編

第9冊

道家療癒學

——道家、當代新道家與李白詩歌之視域融合（下）

李欣霖 著

花木蘭文化事業有限公司

國家圖書館出版品預行編目資料

道家療癒學——道家、當代新道家與李白詩歌之視域融合（下）
／李欣霖 著 — 初版 — 新北市：花木蘭文化事業有限公司，
2020〔民 109〕
目 4+154 面；19×26 公分
（中國學術思想研究輯刊 三一編；第 9 冊）
ISBN 978-986-485-999-3（精裝）
1. 道家 2. 老莊哲學
030.8　　109000239

ISBN-978-986-485-999-3

中國學術思想研究輯刊
三一編 第 九 冊　　ISBN：978-986-485-999-3

道家療癒學
——道家、當代新道家與李白詩歌之視域融合（下）

作　　者 李欣霖
主　　編 林慶彰
總 編 輯 杜潔祥
副總編輯 楊嘉樂
編　　輯 許郁翎、張雅淋　美術編輯　陳逸婷
出　　版 花木蘭文化事業有限公司
發 行 人 高小娟
聯絡地址 235 新北市中和區中安街七二號十三樓
電話：02-2923-1455／傳眞：02-2923-1452
網　　址 http://www.huamulan.tw 信箱 hml 810518@gmail.com
印　　刷 普羅文化出版廣告事業
封面設計 劉開工作室
初　　版 2020 年 3 月
全書字數 306088 字
定　　價 三一編 25 冊（精裝）新台幣 50,000 元

道家療癒學

——道家、當代新道家與李白詩歌之視域融合（下）

李欣霖 著

目次

上冊

下　冊

第四章　道家作用觀之療癒

道家是肯定人生一切正面價值的前提下，讓道自己生發道之工夫意義與作用。故道家認爲人生一切正面價值，不外道德與聖智仁義，當人有心要爲這正面的價值做出肯定與擔當的時候，勢必有所作爲，有所掌控、有所執著，於是這正面的價值就會變質而沉淪，生命的本眞也就不能持續。故道家以絕棄、不德、無用乃至遊戲等作用，是爲了淨化消解人世的執著，以保存人們對世間理想的肯定與擔當。道家以心的自由解放，是要放掉一切的有爲，讓心無執著無牽繫，世間也隨之自由，世界變得何其遼闊，到處都可以遨遊，而且此時萬物爲等齊。體道者能從不可齊之相，尋求可齊之道，因而化解了人們執取的本質，這種不可齊而齊的方式，就是要「超越」，道家這種應世的精神，本質是上作用的「虛」的觀照，一切障礙、爭亂、負面情況等病癥都可以在這空靈的照見下而得淨化，故而不是在實有層的實事實理做對治，是一種超越的療癒力。

第一節　道家作用的觀照與療癒

道家就宇宙人生的歷程來看，其所期待生命眞實互動與感通的人生，以及生命的終極境界，讓人民都能如此導向於「無」的正道，導正必須以「絕聖棄智」、「絕仁棄義」、「絕巧棄利」〔註 1〕的作用來化解，才是對實有層的保存。爲了成全百姓、民利百倍、民復孝慈，以「大仁不仁」的不仁無心，正是與常道不道來整合，以不仁保存大仁，不德保存大德，不道保存常道。王邦雄說：「這『不』的作用不是本質的否定，而是境界的提升，使仁更大，

〔註 1〕王弼著，樓宇烈校釋：《老子指略》：「絕聖而後聖功全，棄仁而後仁德厚。」（台北：華正書局，1983 年 9 月），頁 199。

使德更上，使道更常。」〔註 2〕其實就是以天道之常爲常。林安梧說：「道家所強調的存有之道的『道』，藉著現在哲學語詞的「存有」去取代它，把它叫做『存有的治療學』」〔註 3〕，存有就是「道」，重點是放在整個存在的場域，即回歸存在自身，自己本然的開顯自己，這是一種「平鋪的開顯」。故以實有意義來展開道家的療癒觀點，正可以互爲對話。又牟子以這樣的道家工夫稱爲「作用的保存」，此乃形容老莊思想的價值與貢獻，並將它的「絕棄」、「不德」、「反」與「無」等，定義爲蕩相遣執、融通淘汰的功夫作用，且肯定認爲老莊即是以此工夫作用所開啓的心境，以絕對包容地去欣賞、成全天地萬物的自由與自在，乃是即用即體的一種工夫觀照，並呈現其獨有的特色。本文節從不德、無用、遊戲等三方面，來論述道家「道用」對世間現象的觀照與療癒。

一、「不德有德」的觀照

道家的道不走人文化成的路線，而是取消人爲而回歸自然的路。是以老子認爲主政者治國之務是懂得先行解消掉自己的有執、有欲、有爲、有作，趨向自然的和諧。想要成爲天下人所期待的理想的主政者，只不過是放下虛矯的身段，時時尊重百姓、重視百姓，以百姓的目的爲目的；通過君王的自覺而願意將所有的可能和機會都全部釋放出來的話，不但將使百姓的生活變得欣欣向榮、多采多姿，爲政者自己也同時可以獲得無己、無功、無名的境界。爲政者只要不妄加干預地提供一個自由開闊的環境，百姓們就能夠自適自足並維持著互生、共生的自然，因此天下也就可以獲得長治久安。到了莊子時，他能以隱喻遊戲嘲諷爲混世高言，在世卻表現出世的言行，他的理境超越了世間，他的化境則泯於人間，自云：「吾將曳尾於塗中。」（〈秋水〉）達於人間之情，敖然不顧於富貴。他似不按牌理出牌的詩，生動地描寫宇宙人物時空，又能美刺時政人心，不必依照傳統模式來思緒，反而是以超越的意志，把所有的氣象萬千集中在個人的理情之中，然後再用現象的否定，即以否定現象來保住實有道境。

儒家以人文理想，在仁心肯認與生發自覺的承擔下，儒者任重而道遠，

〔註 2〕王邦雄：《道家思想經典文論：當代新道家的生命進路》，頁 75。

〔註 3〕林安梧：《新道家與治療學——老子的智慧》（台北：臺灣商務印書館，2010 年 6 月），頁 42。

則可能造成負累與怨尤；老莊洞見了這種現象，教人虛靜自然，正可以化解此一沈重的擔當，並且保住價值成爲主流，而不會有變質的危機。如老子說：

> 上德不德，是以有德；下德不失德，是以無德。上德無爲而無以爲；下德爲之而有以爲。上仁爲之而無以爲；上義爲之而有以爲。上禮爲之而莫之應，則攘臂而扔之。故失道而後德，失德而後仁，失仁而後義，失義而後禮。夫禮者，忠信之薄，而亂之首。前識者，道之華，而愚之始。是以大丈夫處其厚，不居其薄；處其實，不居其華。故去彼取此。(〈三十八章〉)

道家對於世間的關懷，從來不落人後，因以不德的方式，以致於有超乎常人的作用，即自守不德，才能有德，自以爲不失德反而會失德，故不德是心中不以德來發生作用，不以德來造作、操控一切，如此化解了對德的認可執著，德行就不會僵化，彼我之間才能呈現生機活力，這是以作用層的不德，來保存實有層的有德。如林安梧說：「『道』是有人起頭，帶著你走。這人是誰，是你胸中的主。『德』是依正直的心來做，直入本源，不必罣礙。『仁』是彼此眞誠相感、相應，融合爲一體。『義』是自我要求完善，做成規則，勠力爲之。回得本源，一切自在，自然，純樸的力量最大。」〔註4〕可知道德仁義是一體觀照的，體道者寧可居處純樸之實，不願居處浮泛之華，以確保道的不失。但當人失去了道，只好強調仁、義、禮等作爲，這樣的作爲正是敗亡之端。正如尼采所說：「許多人在自己的眞理和勝利的面前變得老朽不堪，一張沒有牙齒的嘴便不再有任何追求眞理的權利。」〔註5〕臣服於華薄者終失其道，被華麗的外在所迷惑者也終將淪落，沒有道氣的人自然就會改得老朽，而此時也是禍亂災害的開端，要知「道」乃是從頭到尾都是屬於道，故上德的人不執著爲德，其行自然無爲，不爲什麼目的而有做爲。

道家的德，是不做規範的，讓人生的道路，從不執德中來做出解放，不落入權威教條的德、不接受世俗流行的德，才能保全自然生動的德，這是讓每一個人能自由自在地活在自己的生命之中，不被所謂的「德」所束縛，體現「道德」的而尊貴，乃是人人內在本自具足。故如何有德？老子則用不德來作用之，並使之成爲有德，如云：

〔註4〕林安梧：《老子道德經新譯既心靈藥方》(台北：萬卷樓圖書，2015年10月)，頁117。

〔註5〕尼采著，余鴻榮譯：《查拉圖斯特拉如是說》(台北：志文出版，2013年10月)，頁107。

聖人處無爲之事，行不言之教。(〈二章〉)

昔之得一者。天得一以清，地得一以寧，神得一以靈，谷得一以盈，萬物得一以生。(〈三十九章〉)

以無爲來說教，正是不言之教，當聖人看到物之有，即洞視得物之無，無與有合而爲一，故聖人任其成爲自然的存在。故萬物得一乃得其各自的本質，如玫瑰花得一而爲嬌艷，康乃馨得一而爲清愛，蓮花的一而爲挺立而脫俗，菊花得清高而文質彬彬，各種事物亦如此。「一」是人那個安宅之所，爲了能讓這宅第能在風與霧中被建造得更好，詩人曾說：「一個更洪亮的聲音，以及發自內心與話語的藍色馨香。」〔註6〕讓色音與聲音共具在這時空中，讓現實與非現實交界洽鑲，如此才會讓一顆實存的心有安頓的作用，正如庖丁無論住在牛的任何一處都是通達無礙的。這種隱喻乃是將所有的形象融合，肯認物物獨有其性，物物能做其自己，讓萬物有其自己，且萬物個個第一，彼此交融共感，自然就是不要跟自己過不去。就「天生我才必有用」的看法而言，人人都有在某一方面的可以有所獨特，那是屬於「一」的部分，聖人會做出給人看，並教導人成爲那個「一」。「一」的狀態就是此時此刻；如果想成爲道的一份子，就必須學會在當下這個時空放鬆，讓自己澄澈空靈，過去的就讓它過去，讓過去死掉，也要讓未來死掉，不要再做那些夢了，生活在現在——此時此刻，不要讓自己從當下移開。實踐之道，並不需要條件，也不需要什麼法門，只要觀照地活著。

道是要人自自然然的，當人是自然的，你已經是道了。人將發覺自己裡面有一樣東西不是借來的，一團圓陀陀的光，那就是人的覺知，那是人與生俱來的，那是人內在核心的一部份。人要依靠的是覺知那個，而不是依靠自己的意念或思想。如莊子寓言云：

狙公賦芧曰：「朝三而暮四。」眾狙皆怒。曰：「然則朝四而暮三。」眾狙皆悅。名實未虧而喜怒爲用，亦因是也。是以聖人和之以是非而休乎天鈞，是之謂兩行。(〈齊物論〉)

世間的萬事萬物，每每是名實未虧而個人喜怒爲用，人心都在要求，頭腦希望能掌控一切，那個被認爲是好的、對的、美的，正是人們最想要得到的，於分彼論此，故「朝三暮四」是不好的，「朝四暮三」才是好的，當猴子的客

〔註6〕加斯東・巴舍拉著，龔卓軍、王靜慧譯：《空間詩學》(台北：張老師文化，2012年3月)，頁130。

觀想法是因爲向主人做權力的抗爭，終於得到一個表面的均衡。人也是如此，總是無法理解，當一個乞丐或一個國王死了，他們的總數是一樣的。一個富有的人或一個窮人，一個成功者或是一個失敗者，那個生命總數是一樣的。乞丐睡在街上，車子來來往往，但是乞丐卻能夠照睡不誤，他沒有床，他所睡的地方並不舒服，但他還是照睡；乞丐無法得到好的食物，也不可能得到，因爲他必須去乞討撿食，但他有很好的胃口。整個結果是一樣的，總數還是七。如果你能夠去看生命的全部，那麼就會知道莊子說的「朝三」、「暮四」是什麼意思。只有靜觀的人能夠看到整體，從出生到死亡，那個總數永遠都是七，所以智者從來不會試圖去改變命運的安排，算命改運者期待改變那個安排，但莊子卻說生命的整體都是「七」。〔註 7〕

這如同人的心念有如一把雕刻刀，可以把自己雕刻成魔鬼，也可以雕刻成天使。所以心不只刻畫肉體，同時也能雕刻境遇和命運。人的心念一直是在這種「朝三暮四」不和諧的狀態，在那裡面沒有一樣東西是直的，每一樣東西都會變成一個非常複雜的迷宮、變成一種謎。人總會搞不清楚什麼是什麼、哪一個是哪一個；人也不知道自己在做什麼，也不知道自己爲什麼要這麼做；一下子一個意念佔住了自己，等一下又有另一個意念佔據，而這兩重的意念或許是矛盾的，所以人們是生活在一種顛倒的狀態。有的人自以爲守株待兔就可以得到一切；有的人不用任何努力，就想以一張彩券來致富；有的人以爲只要不斷拿出錢來做有關善的事，就可以成佛；人們所說正常的人根本就不正常，他們只是正常於瘋狂，因爲充滿了「朝三暮四」的人，整個世界像一個大瘋人院。

莊子說「兩行」，從道來說總體是沒有變，根本是沒有改變的，故林安梧說：「因爲權力的抗爭所達到的均衡是恐怖的均衡。當客觀法則穩不住具體的規範，到最後整個紊亂到很嚴重的狀況，只好訴諸於權力的控制。」〔註 8〕放開權力的控制，不再以爲自己認爲有恩德，或想要做大善人的模樣，道家的「內聖」乃自然之生發的智慧，以「外王」爲眞性而爲，不執的功德；行持既深，久而久之，至於豁然貫通，無爲與無不爲，有與不有，盡在圓滿的道中，誰也搶走不去；不求眞理，而眞理無不在。體道的人其內心純然是天理，不須反省與思索，便自然合道，合於療癒之道，是一點也用不著勉強，一沙

〔註 7〕參考奧修：《莊子——空船》（台北：奧修出版社，2001 年 9 月），頁 206。

〔註 8〕林安梧：《新道家與治療學——老子的智慧》（台北：臺灣商務印書館，2010 年 6 月），頁 85。

一世界，一葉一如來，雖然任縱其心，隨其本心所爲，都是道的示現。過一個沒有選擇的生活，唯有人能夠看到全數，這才可能發生，沒有認同好的、也沒有認同不好的，因爲整體是「七」所以你不會有選擇上的痛苦，這就是「百姓皆謂我自然」、「同於大通」的境界。

從這個觀念來說明，道家是如何分判內與外、光與暗、眞與假、求與予、長短、好壞、是非、對錯、美醜就是如同鏡中的影像，風過疏竹、雁渡寒潭，毫無把抓的意思。當一個自以爲有德的人，用其德想要掌控別人時，一切亂象就會產生。老子云：「民之難治，以其智多。故以智治國，國之賊；不以智治國，國之福。」（〈六十五章〉）當人自以爲是的用聰明管理的技巧，來限制人民或恫嚇人民，起初看來極易獲得效果，但往往實施不久，人民就會想出更多鑽營的方法，用來規避各種規戒。對於病症也是如此，人不願正面與病情和談，總是想盡辦法消滅病源，於是病源也會用各種負面情況發動反擊，而且更深入地針對人的弱點，來達到攻擊效果，於人的病情也就顯得越來以嚴重。

上士是從對方的攻擊中，就可以體會自己最弱點是什麼？並且分析敵人爲何會攻擊？其只有化解而無對抗，如此「病」的原因終能得到眞正化解。有時候病可以假想成一個敵人，稍友善的敵人（病情）看到你一些弱點，會指出一個弱點，爲你揭一個瘡疤，此時此病的攻擊，可能還無法讓你覺醒。只有窮凶惡極的病情，使人更加感覺到痛苦，才能指出人的弱點，此時人乃能體會出「病」的意涵，這些病大概就像那猴子想要「朝四」一般。故生命中的病情，其實也是想要表達其看法，讓主人知道自己的需求而已，等到主人終於了解「病」的心聲，也幫助自己進入「莫若以明」的狀態，放開一切的執念，當人知道總數是那個「七」，人就不會再以病爲病，人會適足於病情，病情也不會再干擾人，這便是以「兩行」的療癒方法。

二、「無用大用」的觀照

道家「無用」之觀念，獨樹一格，後來的禪家亦承其說。「無用」眞正的意思是：「無爲而有大用」。無爲就是不著執、不主宰、不控制、不刻意、不把抓……等，如六祖云：「無念」。即將心放諸於「自然」，讓萬物自己發生作用。道家工的夫開出虛一玄覽的靜觀，讓一切萬物皆回歸「無用」之狀，讓人與萬物各適其性，各展其能，而讓各個恢復本然的生命，使其擁有自己、成就自己。

大用者自己不覺得有作爲、有功德，受用者也不覺得有受惠、有要感恩的念頭，正如空氣、水、陽光等作用，祂們有大作用，但卻不認爲自己有作爲，也不要萬物來感恩或崇拜，如此兩不相妨，更不形成教條吃人的現象。若人心也能回復道的無爲，則能展現人性的大用，這便是「無爲」之「大用」。

世間常是一個顯而易見、無所不在、不能忽視的現象，然而其中原理通常也最難以被看見，而難以表達，就像魚活在水中一樣，自己也沒有察覺到水，人們這輩子分分秒秒生活在其中的道，到底又是什麼？道的無用性提供了生活之中最有用的作用。體道者正兩行、兩忘以化道，那是一種單純、素樸的，遠離一切對善巧利益的憧憬之美眞，文明的創造性才得以誕生。當一些文人士者以舞文弄墨、搬弄巧舌，卻不把學問之道當一回事，只是爲了靠學問、口舌贏得功名利祿的人，對那些人來說文化藝術只是當作斂財爲目的實際意圖，對於無用的仁義、道德、藝術等視如蔽蓆。西方學者如諾丘·歐丁（Nuccio Ordine，1958～）在《無用之用》中說到：「我們拒當實用性的奴隸，定義了這種哲學的自由，確立了人類的神性，這也是爲什麼我們有理由認爲，人類擁有更高於人性的東西。」〔註9〕這種高於人性是人能自由於發生神性的作用，無用之大用因而產生極大的影響力。

道家以「無用之用」爲命題之來說明道體的常，其看似不按牌理出牌，生動地描寫古今人物時空，不必按照傳統模式來思緒，反而是觀照的實踐，把所有的氣象萬千集中在個人的心情之中，然後用現象的否定。如云：

> 天地不仁，以萬物爲芻狗；聖人不仁，以百姓爲芻狗。（〈五章〉）
>
> 聖人無常心，以百性心爲心（〈二十二章〉）

道既是超越又內在，超越於一切對立之上，又內在於一切現象器物之中。聖人把自己潛藏在無名與素樸中，所以對於相對立的存在，只是讓其存在，不執於一方，看起來是不仁，萬物百姓是無用，但以百性心爲心，是讓百姓回歸其自己，是讓萬物百性有其大用。蓋以相對概念言明自我與世間之道，也就是固守本眞之「道」，能夠讓自己融攝爲「一」的情況，如此則對立泯除，則天下莫能與之爭，這一切的無用視爲大用之「作用的保存」，以作用層的反對，肯定實有層的眞實，這也是道家整體的觀照。牟子說：「從作用層上看，忘掉那些造作，把那些造作、不自然的東西，都給化掉。化掉而顯得就是空蕩蕩，就是虛一而靜，什麼都沒得，這個就是虛，就是無。這個無就是從這

〔註9〕諾丘·歐丁：《無用之用》（台北：大雁文化，2016年5月），頁47。

個地方顯出來，不把它作任何特殊的規定。」〔註 10〕以道的關懷，是屬於詩性的關懷，道家表達理想，冀望觀照的無爲，達到一層作用，讓觀照可以成爲一種實有的意義，故言中所顯的那無用，是期望那「無用」作爲根本，來保障人民的「大用」。又老子說：

生而不有，爲而不恃，長而不宰，是謂玄德。(〈十章〉)

人生最大的德是生與長，但人總認爲自己可以生而有、爲而恃，總認爲我爲人做了一切，我就可以恃爲己恩，而且可以主宰、支配他人，這就會產生了相反的結果；因爲人們不願意被依靠、被主宰，於是彼此對立產生糾纏之象。老子看到一切的實現原理就在於道體本身是虛、是無，是柔、是弱的姿態出現，道體乃是沒有自己，道體以不生、不恃、不宰，把自然留給萬物，萬物才願意隨道的動向而運轉，更不必擔心受到宰制，於是道體以「無用」的作用下，萬物呈現整體的和諧作用，而萬物的「有用」正是來自於道體「無用」。

莊子是不合邏輯的，是一個生命的觀照者。生命是一個矛盾的現象，只要讓它發生，散之於每一個生命面。莊子狂笑處世，卻又心靈平靜、精神澄澈，他清貧一生，拒當預言的神龜。他看到了無用的道才是根源，而人們卻只希望他有所作用，莊子對此看清眞相，認爲語言的描述都只是片面的，永遠無法說出道眞貌，是以莊子所講的被認爲沒有用的，而莊子卻認爲「無用才是大用」。

莊子以「詆孔子之徒，以明老子之術。」〔註 11〕是深沈的無的作用，非學者式「狂者進取」，而是人生之質實，對於自認爲主導時勢的大人，莊子不得不隱喻以表達自己的看法，以大鵬鳥瞰天下蒼生，發出蒼生的呼喊。莊子的大鵬之「狂」，開出人生意境的狂言狂行，且另一層意義就是神性的自由。若說莊子是狂人，他似乎對於世界和生活採取了不認眞的態度，但實際上他們是最認眞的，因爲他們不想渾渾噩噩的生活，有了這種狂人，才能有狂言。莊子的狂有兩層意思：一是形式上的狂言，一是內容上的狂言。莊子的語言形與行爲模式開出了人性的自由與神性無用爲大用。如云：

惠子謂莊子曰：吾有大樹，人謂之樗。其大本擁腫而不中繩墨，其小枝卷曲而不中規矩，立之塗，匠者不顧。今子之言，大而無用，眾所同去也。

〔註 10〕牟宗三：《中國哲學十九講》(台北：臺灣學生書局，2002 年 8 月)，頁 146。
〔註 11〕司馬遷：《史記》(北京：中華書局，1959 年 7 月)，頁 2144。

> 莊子曰：子獨不見狸狌乎？卑身而伏，以候敖者；東西跳梁，不避高下；中於機辟，死於罔罟。今夫斄牛，其大若垂天之雲。此能爲大矣，而不能執鼠。今子有大樹，患其無用，何不樹之於無何有之鄉，廣莫之野，彷徨乎無爲其側，逍遙乎寢臥其下？不夭斤斧，物無害者，無所可用，安所困苦哉。(〈逍遙遊〉)

此故事可以說明，在現代都市是寸土寸金下人們生活的情況，其每一塊空地都被認爲「閒置」、「無用」的，故人們想盡辦法想要規劃其「用途」，以致於人的空照權、景觀權、生活空間等一一喪失，長期住在一塊地都很「有用」的土地上，人也將喘息難安，久病不癒。找出一些「無用」的樹林、綠地，做爲生活的景幕可能是對治文明病最有效的方法。當一個以量化爲價值觀點下，人文之道値顯得如此不足爲奇。莊子提出了具有一種相對立的轉化，一種極爲關鍵的功能，看來有用的東西早就被人文所用罄，成爲讓人憑弔的印象，而那些看來無用的東西，卻仍爲我們生活所用。乃因爲「無用之用」超越了一切對於利益的憧憬，如此人類文化才顯示出和諧的面向，可以抵抗時潮自私利己的思想，爲野蠻的實用性腐蝕了的人際關係，及深抵人心最私密的感受這病狀，提供一帖解藥。

莊子對於當時的社會現實的價值混淆，並從這種偏執的現象發聲，對於統治階級的種種殘暴醜惡，士人階級黑暗和虛僞情境，隱喻式的揭露和鞭撻；他看到非現實性生活的追求，從審醜的自覺，他企圖憑藉幻想來審視這一切生活的矛盾，從大小、貴賤、美醜、是非、貧富、壽夭、窮通，並對這一虛實矛盾的迷離羅網超越，正如康德所說：「美的藝術的優點恰好表現在，它美麗地描述那些在自然界將會是醜的或是討厭的事物，復仇女神，疾病、兵燹等作爲禍害都能夠描述得很美，甚且被表現在油畫中；只有一種不能依自然那樣被表現出來而不摧毀一切審美愉悅、因而摧毀藝術美的，這就是那些令人噁心的東西。」〔註 12〕康德認爲對醜之對象的表達，被容許地通過某種看起人令人喜歡的隱喻和象徵，間接地有助於對人們理性的注腳。當醜陋被隱喻所描素，只有能將美的對象評判的人，才能有如此的鑑賞力，這樣的對象，康德稱爲爲「天才」。這正可以來爲莊子下注，因爲他所以能譬喻出來的許許多多離奇的故事，傳奇性的人物和玄妙的道理，對世間看起來是「無用」，但莊子卻大大的提倡這樣的理念，更象徵的說明他正是天才型的鑑賞家，如云：

〔註 12〕康德:《批斷力之批判》(台北:聯經出版社，2013 年月 12)，頁 165～166。

堯讓天下於許由。……許由曰：子治天下，天下既已治也。而我猶代子，吾將爲名乎？名者，實之賓也。吾將爲賓乎？鷦鷯巢於深林，不過一枝；偃鼠飲河，不過滿腹。歸休乎君，予無所用天下爲。庖人雖不治庖，屍祝不越樽俎而代之矣。(〈逍遙遊〉)

許由曰：而奚爲來軹？夫堯既已黥汝以仁義，而劓汝以是非矣，汝將何以遊夫遙蕩、恣睢、轉徙之途乎？(〈大宗師〉)

意而子求見許由。許由以堯的仁義是虛名，天下大位雖是世間最爲重視的，仁義的教化對許由而言，卻是黥鼻的刑罰，何不開放、自爲、自化，若不知如此意而子將無法遨遊在廣大自得而任物自化的道上。王邦雄說：「一個失明的人，是不能觀賞青黃與黑白交織而成的花紋精美。意謂人若失去了虛靜觀照的美感心靈，也就成了心智的聾盲了。」〔註 13〕莊子從來不曾忘卻於蒼生關懷，積極的解決人世的病痛，就是以主體實踐情境來化解人世的造作，他不願意世間沈淪，以體驗世界那個永恆、絕對與無限的根源的方式，來對「兩忘」進行冒險的勇氣，不需要相濡以沫救濟、不需仁義制度的教化，而是要讓人活在道中，讓人人接納那根源本身，這樣必須要有一種超越的勇氣，一種啓示的決心，莊子肯定了存在的本質，自我肯定的勇氣，是一種克服了否定性的肯定。

莊子也是以「無」爲用，來實指涉道家的工夫與作用，人與人的無情與相期，是獨體的見在，讓空虛充滿了實存，也因此能被賦予生命的力量，林安梧說：「這種生命的力量可以爲人生的治療」〔註 14〕莊子一生無不想要關懷人世，但在一個不是自己可以掌控的時空中，他只能一自己的方式來表達到熱情，他的思想像雲水一般，不會懼怕後人的肢解，同時讓他的觀點不會被歷史湮沒。他的一生不斷從命限中、夢境中、天地中，做對道家式的詮釋，他不斷表現以「無用」的言行來闡釋人生的大用。

認真行道學習也許會被人而是「無用」的，但是上士卻不認爲那是一種玄學，他能感覺到、他能夠知道，他體會到那是一種存在性。所以當聽見別人說自己「無用」時，對方是故意毀謗或肆意無情地批評，然而這一類的話，道家能自然地品嚐它，以逆來順受、毀譽不動之心應對，無論毀謗、讚歎，心裡都不爲所動，由於人生就是一場大夢，上士是那超越的自由，故就以「兩

〔註 13〕王邦雄：《莊子內七篇．外秋水、雜天下的現代解讀》(台北：遠流出版社，2015 年 4 月)，頁 346。

〔註 14〕林安梧認爲，道家所提供的文化治療，可以稱爲「存有的治療」。參閱，林安梧，《中國宗教與意義治療》(台北，明文書局，2009 年)，頁 139。

行」的體現之，我不受傷害，對方也沒有傷害我，這樣的境界故老子說：「上士聞道，勤而行之；中士聞道，若存若亡；下士聞道，大笑之。不笑不足以爲道。」（〈四十一章〉）上士者聽到道，會很努力去依照它來體會大道，直到後來發覺努力也是一種障礙，也只有努力到極點，人才能夠放棄努力，放下那不自然的努力，就是回歸「自然」，自然是那無用之用。

當面對世間的疾病就像生命的對手，對手不一定就是惡人，它可能是一種命限、懊悔、煩惱或疼痛……等，人多無法清楚看待隱性的對手，由於對手和仇敵往往只有一線之隔，甚至一體兩面，故對手也很容易引伸成爲仇敵，而疾病也可能是自己的仇敵。不少人在碰到疾病的時候，首先是不屑，想趕快棄除它，當發現疾病的不是那麼容易對治；再來是嗔恨或憤怒，爲何這種病情竟然也會威脅到自己，甚至讓自己感到不自在；最後發現自己也對付不了病情時，就隨之沮喪或交給醫生安排。此時依道家的觀點，越是仇敵要向他學的才是越多，越是疾病就越要包容他，因爲那是自己生命的一部分。

當人想要消滅它，用盡各種努力，但是對方也會無所不用其極回擊出各種致命的招數，來傷害主人，疾病也爲了激怒主人而作出傷害，希望得到這主人的正面回應。所以，如果人有個疾病，是很強的對手，應該打從心底謙卑地向它學習，就像每天要照鏡子一樣，每天都要盯緊著這個對手，好好欣賞它，好好跟它學習，放下各種消滅它的成心，如莊子說：「去其成心，存其眞君」（〈齊物論〉）最好的療效，永遠來自於你和疾病交手，而且是在被它擊中的當下。

人總認爲疾病是沒有用的、是多餘的，然而道家卻認爲，想要對治它所做的努力，其實是一種障礙，當人很努力遵照醫生的指示來生活時，那就不可能是一種自發性的生活，它將變成一種枷鎖。當「無用」的疾病要告訴人的，藉著醫生的指示努力過活，人或許能夠達到某種程度的理解，一場病可以讓人努力與用心來達到很多事情，甚至因而解決病痛。然而道家要教人的是更深的道理，就是人不能夠透過努力來達到「道」，最後必須放下人爲的努力，沒有任何想要消滅對方的念頭，被認爲是「無用」的病，其實是告訴人，整體的命運就是自己的命運，病與命是不能分開的，有了病是需要化解而不是對抗，這就是其「無用之用」，人必須跟那整體合一，而且是不能分開。

探論中國傳統醫療，近四千年歷史，博大精深，其獨特見解及優點，與現代西方醫學相較，有顯著的不同。如中醫生理上偏於哲學、天人合一、形而上的、整體的、宏觀的，以陰陽星辰五行氣血爲主要考察。又是以經驗的、精神的、病理的辨證，探討器官間平衡、調合、生剋之理；治療上的主張辨證下論治、整體考量、恢復全體平衡、臟腑和協增強體力、改變體質、多用天然藥物等思維，其療癒觀總是以「化解」做爲面對病情的方法，這是辨證論治的理論都是化解而非消滅，其從整體、天人合一等觀念來爲療癒觀，這些觀念可與道家的傳承相接線，即老子「負陰而抱陽」乃肯定陰面的存在，讓生命之河帶著自己到任何地方，該動該靜都不必刻意對抗河流而游，讓自己以「以下言之」、「以身後之」的方式，心中常保持「無」，才能容納更多的「有」，進而能與萬物融爲一體，是爲「無用之用」。

又從另一角度來論，人的「有用無用」是否能用一個人所有的財富來衡量？或者它建立在完全獨立於淨賺多利潤的觀念之上？醫學之父—希波克拉提斯看到醫學被利益所籠罩時，不禁談到：「請不要讓我爲難，也請容許醫學這門自由的藝術自在地發展。那些爲了錢而工作的人，爲了他們的利益奴役了科學的人，他們剝奪了科學自古有之言論自由，使得科學被降格到奴隸的地位……貪婪總是像刺骨寒風一樣，無孔不入的鑽進我們可悲的人生。但願上蒼保佑，讓醫生團結他們的力量，治好這個病態的貪婪，它比瘋狂嚴重多了。」〔註 15〕醫學和科學在利益之下，也可能相繼淪陷其本來面貌，它本是一種屬於自由的、單純的藝術，然而相對於利潤之下，它們顯得那麼的「無用」，下士嘲笑單純無用的學問，他們爲了能更「有用」使之與利益結合，這樣的結合是來自人心，心對於貪婪的瘋狂，其實比人類生病還要嚴重。道家其實更重視對治這種「病」，故莊子說：「其嗜欲深者，其天機淺。」（〈大宗師〉）「道」是那教育精神的藝術，讓白天與黑夜之間相互和諧，讓聖凡之間、生死之間取得和諧，只有清淨在本源才能讓人類的生活保持和諧的狀態。

三、「遊戲人間」的觀照

道家回歸式的思想，要求人心要融於生活環境之中，而非只是超脫塵俗的唯美形式，對文化價值重新評估，赤子是人的本來面目，赤子喜歡遊戲，也會以遊戲來抉擇其生活，這正是其對周圍環境的一種態度。故老子「含德之厚，比於赤子」乃教人涵養道德以回歸赤子之心，期望能將人民導向天眞自然。他談道論德乃爲了人類社會、經濟民生爲關懷。不論老子所處的時代，

〔註 15〕參考諾丘．歐丁（Nuccio Ordine），郭亮廷譯：《無用之用》，台北：大雁出版社，2016 年 5 月，頁 145。

或是千年之前或是之後，都同樣具有以遊戲爲淑世的關懷。老子「反樸歸眞」的主張、赤子的生活都是眞情的、是遊戲的，在社會人類日益惡質的病態情況看來，以赤子的方式歸眞才是引人得救、讓人獲得療癒。有的人拼命追求爲了得到那個，拼命地放棄這個；有人隱居遁世，有的人以退爲進，有的人廟堂以求顯達……等等，都是對另一個世界的投射與幻想，這些都是心魔的夢幻與詭計，人們一直被知見牽著走，以致得到了各種負面的情緒，病疾叢生。眞正的生命只有此時此刻，除此之外生命一無所有。

道家教人以歸眞、守柔、不爭的處世之道，能善盡其緩衝和保護的功能，以有效阻卻社會生態失衡的危機，故老子云：

> 知不知上；不知知病。夫唯病病，是以不病。聖人不病，以其病病，是以不病（〈七十一章〉）
>
> 故從事於道者，同於道；德者同於德、失者同於失。同於道者，道亦樂得之；同於德者，德亦樂得之；同失者，失亦樂得之。（〈二十三章〉）

人間的症狀和病因就是「不知知」。「不知知」是將不可執的心知強當做標準，並一味地去捍衛它、鞏固它，且不惜爲此而與世人相對立。療癒的解藥是「樂得知」，當人「知不知」是充分體會人當不可陷溺於心知定執之中，老子用很多種方法來解決世人的問題，如又云：「樂得之」的遊戲方式，來說明的某個道理或哲理，寄託在一個隱喻中，讓世人自己去體會、領悟，從中獲得教訓，有時候鋪述一件件人生的事件或現世的現象，並藉以暗示或譬喻一個教訓，故老子教人「不德之德」就是一種自然的示現，如此就可以保住「不病」的眞意，故「遊戲」也是一種作用保存，具有啓示、教訓、開敞的效果。

道在世間是常與不常的作用，都是只是一時的現象，不論好壞，都是自己體認道的資糧。莊子常以「遊」來表達道體的流行〔註 16〕，也體會用「遊戲」來表達作用保存，以遊戲的表現方式乃一氣之流行。正如司馬遷的描述莊子云：「我寧游戲之中自快，無爲有國者所羈，終身不仕，以快吾志焉。」〔註 17〕不僅表現在時代上，也表現在文氣之中，此「氣」的流行，並非以漫衍傷人之氣，而是人生眞實的針砭，在一個虛僞扭曲的世界中，見微知著的

〔註 16〕楊儒賓說：「莊子是繼孔子之後，另一位賦予『遊』字重要意義，也可以說大幅擴大『遊』字意義的哲人。」其中介紹頗多，請參楊儒賓：《儒門內的莊子》（台北：聯經出版社，2016 年 6 月），頁 376。

〔註 17〕司馬遷：〈老莊申韓列傳〉（北京：中華書局，1959 年 7 月），頁 2145。

眞人往往被看成狂人。莊子都有著與常人不同的氣，他們不斷提出對時局的意見，而且對權惡發出批判，每每對生命情境有超越的大化流行的道氣。

因爲在一個人爲造作的世界中，眞人往往被看成狂狷之徒，莊子有著如夢的覺醒，與正常人不同的想法，如他對政治的拒絕和對人生的達觀看法。正因爲俠氣含理，所以莊子及其後學要顛覆一切世俗的、人爲的價值和規矩。如他看見「一曲之士」每以術自專而橫行無阻、目中無人，「百家往而不反，閉不合矣。後世之學者，不幸不見天地之純，古人之大體。道術將爲天下裂。」（〈天下〉）。〔註 18〕故在〈說劍〉中他化身成爲一名劍士，要與諸劍客比畫一下，並直取各家之偏見，化解世間有勇無謀諸士的見識，將道體術總合爲一，而以遊戲爲眞正的精神，如云：

> 臣之劍，十步一人，千里不留行。王說，曰：天下無敵矣！……
>
> 莊子曰：夫爲劍者，示之以虛，開之以利，後之以發，先之以至。願得試之。王曰：夫子休，就舍待命，令設戲請夫子。
>
> ……天子之劍，以燕谿、石城爲鋒，齊、岱爲鍔，晉、魏爲脊，周、宋爲鐔，韓、魏爲夾，包以四夷，裹以四時，繞以渤海，帶以常山，制以五行，論以刑德，開以陰陽，持以春夏，行以秋冬。此劍直之無前，舉之無上，案之無下，運之無旁，上決浮雲，下絕地紀。此劍一用，匡諸侯，天下服矣。此天子之劍也。……（〈說劍〉）

莊子〈說劍〉的氣勢，乃是以天下爲其對象，故「天子之劍」一出，則天下諸侯、庶人則無不拜服。眞正有智慧的人，他不會將精力放在「劍術」的技巧上，他知道生命的每時每刻要掌握自然之道，永遠要比在任何的未來的嚮往來得更容易，因爲知道「道」是一切「技」的根本，這才是輪匾、抱甕者所持的「渾沌」之術。本是爲了收服天下之無知之客，說到最後劍都尙未亮出來，不但趙文王拜服，就連已經讓來比試的劍客也臣服而一一自殺，國君體會到其說劍的高妙，也看了其霸氣之雄，故終能用劍術來收服天下。但莊子用劍術以「氣」的小作爲，通向那眞人以「氣」，如此一氣流行，才是而無入而不自得。氣的流動是屬於一種世間的遊戲，藉著遊戲來矯正世間人的偏屈之性。故云：

〔註 18〕王邦雄說：「〈天下〉建構了上下內外、神明聖王之全體大用，原本是一的道術觀。此超越了〈內篇〉之『道通爲一』的思想體系，並將莊學之不離，老學之兆於變化，儒家之仁義禮樂，與法家之法名參稽，分別安放在上下之層次與內外之界域。」氏著:《莊子內七篇．外秋水、雜天下的現代解讀》（台北：遠流出版社，2015 年 4 月），頁 472。

> 莊子釣於濮水，楚王使大夫二人往先焉，曰：願以境內累矣！莊子持竿不顧，曰：吾聞楚有神龜，死已三千歲矣，王巾笥而藏之廟堂之上。此龜者，寧其死爲留骨而貴乎，寧其生而曳尾於塗中乎？二大夫曰：寧生而曳尾塗中。莊子曰：往矣，吾將曳尾於塗中。(〈秋水〉)

凡人在世的理想也許是很美的，因爲某種因素的指引，讓人總是能想望喜樂與富足，人會沉浸在其中，甚至以爲那就是永遠的歸宿。但在現實的生活裡，在此時此刻中的人，所面對的是柴米油鹽的煩瑣，看見股票市場的大起大落，人際關係的權利鬥爭有如魔鬼般，所以在此時此刻的人或許是醒時如夢，不知世間有眞正的至樂，莊子「吾將曳尾於塗中」，來比喻對道的體現，眞人當可以體道的眞味，不以生活之貧困或權利之尊等窮通爲憂，故能安處任何時空之中，是爲眞樂，也是眞人的「遊戲」。王邦雄說：「莊子以源頭在放下自我，不執著自身，無須以功名來榮耀自己，也無須以利祿來富麗自己……原來這一段說的是莊子無待逍遙而快意自得的故事。」〔註 19〕道不是一個概念，不需要成爲一個神龜、專家，或成爲信徒；相反地，如果人成爲一個頭銜，是一個大師，卻反而無法瞭解大道，那個頭銜反而讓人變得更盲目。道，是一種現實的遊戲。老子說：「反者，道之動。」遊戲就是一種沒有被束縛的動，遊戲時就是要放下一切強加在我們身上的東西，拒絕再由外在加入各種知見，以遊戲的心向內觀看，就能發現大道。

因此，向內看，識得根本、求到大道，那意味著一種再生，重新歸零，再度變成像赤子一樣，一個純眞的赤子是最喜歡遊戲，人間是遊戲的場域，道的場域。赤子的眞正意思是有覺知地拋棄所有世間帶來的知見，放掉知見，而變成天眞，那是成爲赤子的唯一方式。知見，是一種污染，處於不知道的狀態就是天眞；在那個狀態來運作，是了悟「大道」的方法。莊子以尋覓玄珠的方法來讓人回歸赤子的原貌，如云：

> 黃帝遊乎赤水之北，登乎崑崙之丘而南望，還歸，遺其玄珠，使知索之而不得，使離朱索之而不得，使喫詬索之而不得也。乃使象罔，象罔得之。黃帝曰：異哉！象罔乃可以得之乎？(〈天地〉)

眞正的「無」包含一切所有，「象罔」就是那「無」，就是玄珠的實相，是一種無知之知，如楊儒賓說：「無知才可擺脫之的定向作用，天民以無方、無所、

〔註 19〕王邦雄：《莊子內七篇．外秋水、雜天下的現代解讀》(台北：遠流出版社，2015 年 4 月)，頁 454。

氣機圓轉的遊之狀態合於道之整體性運轉。」〔註20〕人能掌握那無的時候，一言一行都是道德言行，行之於世，通人物、達四海，玄珠運轉遂心如意、變化無窮、妙用無方、取之不盡、用之不竭。一個赤子總是看起像無知一般，他清淨無爲，無思無慮，性之自然，一眠到天亮，清心無掛礙，與天地精神往來，還有什麼所爲呢？然而又怎麼知道，無知與眞知其中的不同，只是在一念之轉。當人懂得回歸的時候，就變成跟整體合而爲一；當人懂得放鬆的時候，將不再是個人，而是宇宙的一部份，這就是赤子的行爲，那就是入道。大道既明，心地所印即爲自然，來即應物不駐留，自然之流露，沒有任何掛念，對於世間一切如過往雲煙，那是「無」的工夫，是道家的遊戲，也是「無爲」。

四、道家作用對療癒力的開發

道是屬於自然，自然是一種偉大之德，其無所法，其不執於德，是以不德爲德，這「無」乃是人生清淨的源頭，也是人可以被療癒的可能根據。人只要能生活在其中，去擁抱享受祂，這是因爲自然是讓人性的枷鎖化去，就好像把門打開，讓心可以向外通息，只要打開這個門，不需要費任何力氣，只要能把執著心放下，就現出無爲，回到自然本源，也就是見素抱樸、反樸歸眞，現出本有的道德，就好像在黑暗之中把電燈開關打開一樣。回歸自然並不需要時間，它連一分一秒都不需要，人只要內在升起那渴求，自然而然，黑暗離去、光明現前。然而黑暗根本就不曾存在，只是人總是相信黑暗；而光明一直都在，但人卻是忘記了，這就是世人迷惘之病，道家就是能治好這種病，以不德、無用、遊戲等示現爲療癒。

（一）「不德有德」的療癒力

道家理論的變化而豐富，正所謂「應病與藥」，自然則無病，有對立就可能生病，此時道家教人把「道」倒過來就是「德」。如當「無與有」對稱，乃道的雙重性格，這是對道體義有很全面和深入的理解；對「自然」的本義，乃是實踐之道，體道者才能貼切地掌握「人與道」之間的自由。對於道而言沒有實有層上的本，也就是沒有實有層與作用層的分別，這是對「無」的詮釋之理解，又以「作用的保存」的方式，即是用「無執」來表達對「無」的理解。故道家的工夫乃以絕棄、不德、無用等方式作爲道的呈現，而否定的作用其實是爲對道的保存。

〔註20〕楊儒賓：《儒門內的莊子》（台北：聯經出版社，2016年6月），頁379。

正如莊子的隱喻，一位眞正尋求眞理的人，他在經驗各種經歷時，能夠隨時放掉；且在進入內在過程時，會比在經驗外在過程時更加警覺，人必須很有覺知地不被任何現象絆留住，所以莊子的意思是：「牛體再複雜也可以在『無厚』中迎刃而解，在自我解消，融入一體於無別的理境中」〔註 21〕人不要老在心知執著與人爲造作中原地打轉，要回歸生命本身，做修養工夫。人的健康可由自己決定，人能追溯源頭的宗旨就可通達，此時就可以運用各種船、各種方法來體現眞理，然自己將永遠不要再被物相所騙，眞能智慧通明、圓融無礙，眞能進入心靈大海，與無何有之鄉、廣漠之野共處。莊子以天地與我一體，當人間生病了，我也不能獨免，要療癒世間人的病，又不能直接予藥，要先瞭解所謂的「病」是無端被加上去的，當人不自然就會生病，所以治療要從源頭下手，莊子寓言云：

> 桓公田於澤，管仲御，見鬼焉。公撫管仲之手曰：「仲父何見？」對曰：「臣無所見。」公反，誒詒爲病，數日不出。齊士有皇子告敖者曰：「公則自傷，鬼惡能傷公！夫忿滀之氣，散而不反，則爲不足；上而不下，則使人善怒；下而不上，則使人善忘；不上不下，中身當心，則爲病。」桓公曰：「然則有鬼乎？」曰：「有。沈有履，灶有髻。户内之煩壤，雷霆處之；東北方之下者，倍阿、鮭蠪躍之；西北方之下者，則泆陽處之。水有罔象，丘有峷，山有夔，野有彷徨，澤有委蛇。」公曰：「請問委蛇之狀何如？」皇子曰：「委蛇，其大如轂，其長如轅，紫衣而朱冠。其爲物也惡，聞雷車之聲，則捧其首而立。見之者殆乎霸。」桓公辴然而笑曰：「此寡人之所見者也。」於是正衣冠與之坐，不終日而不知病之去也。(〈達生〉)

這個故事說明，心病要用心藥醫，假病則用假藥，眞病則是無藥醫。人的心念，是我們每個人自身的廟宇，裡面所住的神明，可以讓你擁有各種願望，若能善用，便可以打開天堂的門扉，通向無窮無盡的宇宙；人的心念也是人們自身的病疾的來源，意念的堅固執取，也會讓人陷入地獄，承受無止盡的痛苦打擊。

爲了符應世間的人性，故假病要用假藥，服假的藥人們才會相信，他得到了藥，也將得治療，莊子也適時地提供一帖假藥，眞的能化解了人們的心病。道家的言行必須是異於邏輯的，他可能是瘋狂的，或者是十足地像傻瓜。

〔註 21〕王邦雄：《莊子寓言說解》(台北：遠流出版社，2015 年 11 月)，頁 81。

因爲一個眞正的智者，他的一言一行是自發性的，當需要智慧的時候，他是活靈活現；當需要愚笨的時，他卻可能呆若木雞。也就是因爲這樣子，所以眾人聽了他的話會覺得很驚覺，因爲每每能回歸本源；但也有人看了道家的說法，仍然會很讓人摸不著頭緒，認爲自然界就是藥。然而生活對眞人而言是屬於喜悅的，眞人就是那道，而人們所缺乏的就是那個「道」，想要成爲道的體現者，就要盡可能全然地去生活，將每一個片刻都生活到它的最極致。

有一個故事說到：某個人生了某種痼疾，他在世間已經習慣掌控一切，乃至對及病態也是如此。他腰椎長骨刺，壓迫到坐骨神經，令背的下半部直到腿部疼痛不堪。疼痛變成他的敵人，他運用叱吒風雲多年磨練得來的技巧，想要決定徹底驅逐疼痛。於是以消炎藥、冰敷、針灸、物理治療、緩和體操……，凡是醫師交代的，他統統照做，可是他還是疼痛不已。他找到了自然醫學的醫師，噙著眼淚說：「我受不了了，我痛恨這種痛苦，只想擺脫它。」醫生心想：「任何人都跟他一樣，但他是在跟自己過不去。」醫生教他徹底改變心態與作風，因爲她永遠不可能征服疼痛，只能與它和平相處。〔註 22〕對於像故事中這樣強悍的人來說，這個功課很不簡單，而且面對同樣問題的人，不只是他一個人。

從道家觀點來說，人生是一個比賽性的遊戲，在這遊戲裡，那個「不是的」比那個「是的」更有意義，「不是的」是指不主宰的心，「是的」是指要對方接受自己的掌控，人生的遊戲是透過你對那「不是的」的理解而存在。如果人已經擁有那個「無待」、「不德」的心境，那麼遊戲就已經結束，就可讓有意義的時光繼續滾動下去。當人「不德」於一切要主宰的目標，人變成了道；當人了解到沒有什麼要對治的，人已經沒有病了。生命的病痛或疼痛有它自己的思想、語言、智能及韻律，疼痛乃是活生生的個體，它可與人對話，不是用一般人以爲的方式，而是直覺的層次上，所以人必須學會開放，並與病溝通，乃至必須向疼痛求救。「療癒是一種合作關係，一個向嚴師求道的大好機會，充滿敬意地與疼痛交涉，如果能這麼做，它必定有所反應，能指引人邁向康復的道路。」〔註 23〕把病痛當成是生命的大師，那就是不要傷害它，而是要請它成就自己，這正如莊子裡的〈大宗師〉一樣，一些長相奇怪，而且又貧又病的人，都以大宗師而得到了療癒。

〔註22〕參考奧立芙：《直覺療癒》（台北：遠流出版社，2002 年 5 月），頁 112。
〔註23〕奧立芙：《直覺療癒》（台北：遠流出版社，2002 年 5 月），頁 113。

人們想要療癒某種疾病，自己必須變成它。這個弔詭的重點在於以自然來接納疾病，病可能就此釋放你；厭惡它只會增加痛苦。有很多奇特的例證，很多人知道自己已罹患重病，不久人世，施出所有財產，到野外、墓園等死，他們站在那裡、坐在那裡、甚至睡在那裡，接受一切的痛苦，奇怪的人，他們不但沒有死，反而痊癒而回家了。〔註 24〕這正如道家的觀點類似，就是一種「不德之德」的觀念，不認爲自己是對的，而病是錯的爲「德」。專門爲人講病的劉有生曾說：「道德、道倒過來就是德。怎麼倒過來？倒過來就是專門針對自己，自己做眞了，把自己講眞了，這是眞道。」〔註 25〕如此才是把道倒過來，就是守住自己動常道，讓自己做眞人，回歸於常，這才是眞道。

（二）「無用大用」的療癒力

老子要人回歸大道，莊子要人發現大道，人們存在生活最大的根據，就是要「發現」大道，而不是去「發明」它。大道不是一個邏輯的結論，它是事實，正如「萬竅怒呺」；它不須要被發明，它早就存在，它已經在這裡，且一直都在這裡，爲何「翏翏乎」人們不能夠找到它？是什麼東西阻止人們去發現它呢？也許人們要具有莊子那般對生命美感的體悟，他知道所有自然的流動，都不是努力得來的；凡是努力得來的，那是經驗、是知見，並不是道。道必須完全是自然發生的，人在刻意有用中無法見道，必須在全然自在的情況，才能進入道。有時候完全忘掉自己，完全融入，融入到自己不存在，此時就能完全在那裡。老莊示現一切忘卻、記得；活著，死掉；醒著，睡著……，這一切都是很美、眞善的事，都是自然發生的，所以病情可以怡然自得。莊子云：「道行之而成；物謂之而然。」（〈齊物論〉）王邦雄釋云：「即由行之的道而最後歸結物的然。人生的價值意義就在這裡，爲你所愛的人，爲你所在意的事去付出，而當該如此。」〔註 26〕這就是「自然」。自然教人們進入這種「合之以是非」的狀態，如此就能夠接受病疾；病疾、挫敗與死亡不再是無路可逃的恐懼，它就是人的生活。整天都辛勤地工作，到了晚上回家，然後上床睡覺，把這些負向的能量，成爲一種「天鈞」，讓自己休息，讓疾病安適，莊子以「兩行」就是把它看成最終的放鬆。生命就像白天，死亡就如同夜晚，讓其「兩行」而自自然然的運行。

〔註 24〕參考奧立芙：《直覺療癒》（台北：遠流出版社，2002 年 5 月），頁 114。
〔註 25〕參考劉有生：《劉有生善人講病》（台南：台南市淨宗學會，2016 年 1 月），序頁 2。
〔註 26〕王邦雄：《莊子寓言說解》（台北：遠流出版社，2015 年 11 月），頁 205。

當事情可以藉著無爲來做，爲什麼要那麼麻煩地去追逐？當事情可以藉著無爲來做，就是成爲自自然然，但如果嘗試著去做，那就是著象的，一切有形之相皆是虛而不實，那樣只會爲自己製造出更多的麻煩。道家指出人的習氣的產生，正是虛一而靜，就像龍蛇變化一般；當意念使它有，它就會有；使它沒有，就可以沒有，來之無蹤，去之無影。當知道習氣毛病根本就是不存在的，進而眞人要人抹去本相，隱居於人群之中，遊戲於人世之間。故莊子云：「夫大塊噫氣，其名爲風。是唯無作，作則萬竅怒呺。而獨不聞之翏翏乎？」(〈齊物論〉)。如大塊而無物，即自然只是如實的存在，其運作方式可稱之爲風，風就是氣，是道的存在而作用，道的運作讓風吹過時發出各種聲音，而道的自然的聲音是無聲之聲—天籟。無聲之聲就是一種道的存在，人只有通過對對道的體證，才能了知人的生命就是一種「翏翏乎」廣漠與深遠之美，他看到了不斷在變化的現象界，也看到了人世間的社會性需求，他將宇宙性的道，藉著氣化潤澤人間，於是道成爲沖和之氣而融合天人。又如莊子寓言云：

> 宋人有善爲不龜手之藥者，世世以洴澼絖爲事。客聞之，請買其方百金。聚族而謀曰：『我世世爲洴澼絖，不過數金；今一朝而鬻技百金，請與之。』客得之，以說吳王。越有難，吳王使之將。冬，與越人水戰，大敗越人，裂地而封之。能不龜手，一也；或以封，或不免於洴澼絖，則所用之異也。今子有五石之瓠，何不慮以爲大樽而浮乎江湖，而憂其瓠落無所容？則夫子猶有蓬之心也夫。(〈逍遙遊〉)

不龜手之藥用在不對的人事上，也成爲沒有什麼作用的藥。而惠子有五石之瓠卻不能用，這是爲心所限，固拙於用，能將它用在江湖卻是得其所哉，即回歸它本來的用途，將之放在正確的時空之中，這就是道家的「無用之用」。在這個世間，只要活在世上，就會遇到層出不窮的問題，比如被人憎恨、嫌棄、妨礙、妒忌、誣蔑、遷怒、不信任、受冷落……等，人可能會被這些障礙輕意擊敗。但道家的修爲，卻能將這些障礙當作成長的肥料，當他們遇到的這些障礙，無論如何不順利，哪怕是不公正的待遇，都不會成爲傷害他們自己的事情，對他們來說，正是這些將自己歷練成大宗師的催化劑。

當人們有這樣的覺知時，化掉煩惱爲心境，就沒有所謂神的保護或維繫，因爲你已在覺知的自然之流中。可以體悟到，過去和現在都是如此，完全不會有任何懷疑，一種深刻的智慧就自然而然地直接生起，任何的攻擊和咒罵，都是打開我們智慧的因緣，那不是經由奮鬥得來，而是自然地溶入覺知。道家要人知道，起心動念爲善雖正，但那不能說是道；起心是仁慈，雖是正念也不算是道，起心幫助民眾的心，雖是正念也不能算是道；起心忍辱，雖是正念也不能算是道；起心施捨一切，雖是正念也不能算是道。兩行的上士乃「休乎天鈞」、「心有天遊」，一切就讓它回歸自然，自其本然，不分別是非好壞，動靜自如，從容中道，乃名之謂「道」。

（三）「遊戲人間」的療癒力

心理學家高度的重視潛意識，相信潛意識中蘊藏許多能量可以進行個的轉換。道家以人與美的遊戲即是人的詩性呈用，在存有圓整的道中遊戲，是一種整體不是部分，全體之知如落實在具體的人生，其運作的方式是一種遊戲的、非認知性的，不預設性的「遊」。道家讓此理性與感性調和、浪漫與真實融攝，在動靜一如中使生命在前進，並得到詩之美與生命的自由得到暢達，人以詩心悠遊於道的自由之中，不斷進行著療癒的作用。如莊子寓言曰：

> 人有能遊，且得不遊乎？人而不能遊，且得遊乎？夫流遁之志，決絕之行，噫！其非至知厚德之任與！覆墜而不反，火馳而不顧，雖相與爲君臣，時也，易世而無以相賤。故曰：至人不留行焉。夫尊古而卑今，學者之流也。且以豨韋氏之流觀今之世，夫孰能不波？唯至人乃能遊於世而不僻，順人而不失己，彼教不學，承意不彼。（〈外物〉）

莊子教人若能遊心自適，則沒有不會悠游自得的。流蕩忘返、固執孤異都是沒有道德觀念的人，陷溺世俗、逐物如火，這些都只是假相的追逐，看歷史的演替，君與臣都可以相互易位，人還要執著、在意、或想要主宰什麼？「只有有道德的至人才能游心於世而不偏僻，順隨人情而不喪失自己。」〔註 27〕莊子教人遊心自適，人要能學習世間遊戲，將一切物化之，成爲「無」，則一跟一切成爲一體，在至人的靜觀萬物中登天遊賞，故莊子說：「且夫乘物以遊心，託不得已以養中，至矣」（〈人間世〉）。對於內在的執念，唯一的方法就是轉化與放下，它一切的作爲也是想成爲我，故執著就是一種自我，人能遊於自適應是逆來順受，執著轉化成爲我的善知識。本來我生命不能圓滿，障礙來成就我；我做修爲不能成就，煩惱來成就我；我所求不能如願，外在一切使如我的願，昇華我的一切所需要。

〔註 27〕參考陳鼓應：《莊子今註今釋》下冊（台北：臺灣商務印書館，2016 年 5 月），頁 826。

道家面對人世糾結，教人常常玩「出病入病」的遊戲，如人要感謝疾病、感謝疼痛、感謝各種負面的環境，一切如庖丁解牛：「依乎天理，批大郤，導大窾。」要依、批、導而用，不要再硬碰硬。若是人不能放下的執著意念、想要掌控、想要管制的意念，這種執著的力量是非常大，是非常危險，人的智慧刀會時時出現缺口，代表身體會隨時要受傷。人們總認爲是自己在生發意念、運用意念，要它做什麼就做什麼，但事實上是它總是在駕馭著我們，它是如此巧妙和有力的與工具結合，而人就這樣被它佔據了。

道家的療癒觀是一種工夫的觀照，但不是屬於靈光乍現，這些靈光通常不是用來解開生命密碼的，而只是自我意識的恍頓，那是世間知識的理解，對於生命的整體仍無實質的益處。王邦雄說：「（道家）不仁無心，愛沒有執著，也沒有負累，不會扭曲了別人，也不會累壞了自己，沒有人犧牲，也沒有人虧欠，這樣的愛才能天長地久。」〔註 28〕除此之外，我們大部人處於現代文明的氛圍與思潮下，並沒有提供爲人徹底瞭解的思維進路與智慧，人們甚至不在意實相的探索，並且刻意去忽略、抑制人生負累的情況，是廿一世紀裡最讓人們的身心靈覺得黯然、最爲貧乏的困境。目前的人類有需要老莊這樣的療癒者（智療者），以最明顯的方式、最爲深刻的隱喻，告訴人們療癒之道。

第二節　牟宗三「作用保存」對道家作用的關懷與療癒

道家講到主觀境界形態的「無」、講「有」，都是從作用來顯示，天下萬物中才能看到存在的「有」，所以如何保住天地萬物，就是要從作用上所顯現的那有、無、玄等來保住。當牟先生從實踐的形上學爲出發，把老子的「無」理解成爲人的實踐工夫，這種工夫就是「無執」，以無執的工夫來說明本體之「道」。故牟子云：「道家是縱貫橫講的形態」〔註 29〕道則有體有用，故老子之道就是自我的省察以及批判，以虛靜回歸赤子的模樣，赤子不經由修飾、造作，其表現都是如此的自己如此，代表著滌除心靈、淨化生命的體道之行，故回歸是「可能」的根據。這行爲不是對實有的否定，而是在作用層上做化解，現實的否定作乃爲了保住道的「無」，其創造性的提出「作用的保存」觀

〔註 28〕王邦雄：《道家思想經典文論：當代新道家的生命進路》，頁 73。

〔註 29〕牟先生云：「縱者縱之，橫者黃之；縱貫者縱講，橫列者橫講，如知識是橫的就要橫講，恰如其分絕不錯亂。」參見氏著：《中國哲學十九講》，頁 119。

點，也讓道家詩性更具彈性，而且更具現代性。以下舉「縱貫橫講」、「如何可能」、「文化整體」的關懷爲論點，做爲關懷與療癒面向的開展。

一、「縱貫橫講」的關懷

道家重觀照玄覽，是屬於靜態的，能開發出藝術的視野，也由此開出中國藝術境界。牟宗三以道家有道家式的存有論，它形上學是境高形態的形上學，境界形態是縱者橫講，橫的一面乃從工夫上表現，工夫是屬於緯線，故道家在工夫上是「縱貫橫講」，以此關係表現出道與天地萬物的「不生之生」關係。

牟子引王弼的說法，認爲老子云：「生而不有，爲而不恃，長說不宰，是謂玄德」，乃注云：「不塞其源，則物自生，何功之用？不禁其性，則物自濟，何爲之恃？物自長足，不足宰成。有德無主，非玄而何？」這就是表示沖虛玄德是不塞不禁，只是開其源、暢其流而已，自然如此則物自生自濟，這是「道生」的消極表示，故謂「不生之生」。〔註30〕

道家以「無」並不是客觀的實有，而完全是主觀修行境界上所呈現的觀念，故要從生活實踐來理解，此即對工夫的理解。這觀點是將郭象的無道體有意境之系統，充分發揮道家的「作用層」的涵義，此即道家的工夫論。如老子云：「致虛極、守靜篤」（〈十六章〉），即以致虛、守靜爲代表，從此義可知，道家把「無」上升爲本體，使得「無」並非只是本體，也是包括「無爲」，故是從內而外的一主觀的心體，賴錫三說：「牟先生常用『以主攝客，攝客歸主』來調天（客觀性）與心性（主體性）的統一。」〔註31〕這是結合先秦與魏晉以來的學者，以「工夫」來說明「本體」，亦是以橫向的工夫來表達縱向的本體，故即工夫即本體的關係，即爲「縱貫橫講」，而這說法同時緩解了儒道文化立場上的紛爭，建構了一種創造性的詮釋〔註32〕。如牟子云：

> 道家實有層上實有這個概念是從主觀作用上的境界而透顯出來，或者說是透映出來而置定在那裏以爲客觀的實有，好像眞有一個東西（本體）叫做「無」。其實這個置定根本是虛妄，是一個姿態。

〔註30〕參考牟宗三：《中國哲學十九講》（台北：臺灣學生書局，2002年8月），頁162。

〔註31〕賴錫三：《當代新道家——多音複調與視域融合》（台北：臺大出版中心，2011年8月），頁143。

〔註32〕賴錫三：《當代新道家——多音複調與視域融合》（台北：臺大出版中心，2011年8月）。道家的美學其實隱含著對天地萬物的根源性倫理態度，亦即它有自身的道德觀點。……如上德、玄德等觀念，契近於海德格所的「原始倫理學」，頁140。

這樣的形上學根本不像西方，一開始就從客觀的存在著眼，進而從事於分析，要分析出一個實有。因此，我們要知道道家的無不是西方存有論上的一個存有論的概念，而是修養境界上的一個虛一而靜的境界。〔註 33〕

一般講存有論，是就現象界說的普遍原理，但道家存有論卻是就其主觀心境說的，而這主觀心境是主體無執的工夫達至一定境界。如老子曰：「天地之間，其猶橐籥乎？虛而不屈，動而愈出。」（〈五章〉）在虛靜中涵養工夫，使得生命虛而靈，純一無雜，正如禪家稱爲「一扇會擺動的門，人不能缺少生命這扇門，一個不可或缺、無比奧秘的擺動之門。」〔註 34〕天地生命是虛而又動的狀態，這時主觀的心境就呈現出無限心的作用，如此就可以「觀復」，讓一切萬物皆能恢復各自的正命，故爲「歸根復命」。這同時也是莊子逍遙、齊物的境界，即當主觀虛靜的心境朗現出來，則天地平寂，萬物各歸其位、各適其性，各遂其生、各正其正，故能進入逍遙齊物的境界。牟子云：

萬物之此種存在用康德的話來說就是「存在之在其自己」，所謂的逍遙、自得、無待、就是在其自己。只有如此，萬物能才保住自己，才是眞正的存在。這只有在無限心（道心）的觀照之下才能呈現。〔註 35〕

道家將體無做爲注意的對象，而「用有」也做爲一體的觀照。覺察有無、出入一向是道家觀照的目標，然而覺察生命體用之間，不只是工夫的練習而已，道家用此來培育人的性命所需要的一切，尤其是虛靜與觀照。老子說：「谷神不死，是謂玄牝。玄牝之門，是謂天地根。綿綿若存，用之不勤。」（〈六章〉）生命的奧秘是養天地根，此天地根就是掌握有無的方法。但留心有無與體用的關鍵不在於氣本身，也不是在你留心的那個目標，要讓自己留心的目標更具體，可以幫助我們以更好的穩定性來進行觀照，人會逐漸感受到，原來「觀照」本身才是重點。當感知與被感知之間的關係明確，終將共同匯入一個連貫且有力的整體覺知，因爲他們本來就沒有分開，那就是虛靜的境界—谷神，故觀照乃是體悟境界的關鍵所在。

這是以工夫所到即爲本體的論述，牟子詮釋道家理論，融合了體用的說

〔註 33〕牟宗三：《中國哲學十九講》（台北：臺灣學生書局，2002 年 8 月），頁 131～132。

〔註 34〕參考喬・卡巴金（Jon Kabat-Zinn）著，陳德中、溫宗堃譯：《正念減壓——初學手冊》（台北：張老師文化，2015 年 6 月），頁 40。

〔註 35〕牟宗三：《中國哲學十九講》（台北：臺灣學生書局，2002 年 8 月），頁 122。

法，也就是即用見體，以實踐所到之處即為本體，這是其謂「縱貫橫講」的觀點。乃以工夫論為本體的說法，並且以「實有層」和「作用層」沒有分別。就道家而言，仁義聖智的說法是人為所預設的，他不從正面肯定之論述之，而是從如何運作的進路討論之。老子以無的作用來保住聖智仁義的價值，但其根本價值意識是在「無為」；至於莊子乃是批判人為的仁義；郭象以寄言出意說出莊子的詮釋時，也能保住此義；到了牟子則是再將魏晉道家連串成為一系列，藉由作用質實現仁義，所以工夫都表現在「作用的保存」上。如云：

> 道家說「絕聖棄智」、「絕仁棄義」，並不是站在存有層上對聖、智、仁、義予以否定，這樣了解是不公平的。……道家不是從存有層否定聖、智、仁、義，而是從作用層上來否定。「絕」、「棄」是作用層上的否定字眼，不是實有層上的否定。儒家是實有層上的肯定，所以有 What 的問題，道家沒有這個問題，所以也不從實有層上來說「絕」、「棄」。道家不從實有層上說「絕」、「棄」，那麼是不是從實有層正面上來肯定聖、智、仁、義呢？也不是。所以我們可以說，道家對聖、智、仁、義，既不是原則上肯定，也不是原則上否定。從實有層上正面肯定或否定，就是原則上肯定或否定。道家沒這個問題，那就是說道家沒有 What 的問題。道家只是順著儒家，你儒家正面肯定聖、智、仁、義。好！我問你一個問題，你如何把聖、智、仁、義以最好的方式體現出來呢？什麼叫最好的方式？你可以說出一大堆，說是學校教育啦！家庭教育啦！風俗習慣啦！就道家看，這統統不對，都不是最好的方式。所謂最好的方式，也有一個明確的規定，道家的智慧就在這兒出現。〔註 36〕

這一段是道家在作用上化解仁義，卻是眞正的保住仁義，雖未在價值觀上正面主張而肯定，卻也絕未正面否定之。只在作用上提供保存的智慧，即不做正面把捉之，而是退一步讓開之，而使其自生自長。故人常有一種將自己的感情表現出來的本能和衝動，而這種衝動會創造出文明的形象，但當衝動太過突出了，造成了傷人的制度或規範時，道家則認為感情的放射與回饋，必須要有美感的觀照，那就是要達到和諧而「兩不相傷」的境界，所以道家以「作用保存」的化解來達到這樣的和諧的美感，進而形成一種療癒的效果。

當人無心於自然，即是等同天道，人心無心無為、為執，即走向回歸自

〔註 36〕牟宗三：《中國哲學十九講》（台北：臺灣學生書局，2002 年 8 月），頁 133～134。

然的路，所以老子「希言」乃是道的體現，如云：

> 希言自然，故飄風不終朝，驟雨不終日。孰爲此者？天地。天地尚不能久，而況於人乎？故從事於道者，道者，同於道；德者，同於德；失者，同於失。同於道者，道亦樂得之；同於德者，德亦樂得之；同於失者，失亦樂得之。信不足，焉有不信焉。（〈二十三章〉）

人生在世的經歷和感受，是人類心靈中的一種呈現，這呈現不是屬於客體也不是主體，而是人與處境互動的產生，是一種當下對呈現，同道以道爲樂，同德以德爲樂，這是修養上的純粹經驗。王邦雄注說：「深奧的哲理，總要從生活感受切入，環顧存在的情境，狂風、暴雨總是不能持久，即使是天地的有心有爲，來個隨興的做秀演出，竟也難期長久。」〔註 37〕這是說明人爲不能有爲，而且天地也不能有爲，一旦落入有爲就悖離了「道法自然」的形上原理，所以「同於道、同於德」，無道無德那就是機械式的世界。

老子所說之無、一、自然、玄、德……等諸形式、現象之性，不只是以沖虛之無爲本，也是以仁體爲本。如老子說：「少則得，多則惑」（〈二十二章〉）乃是以相對概念言明自我立身處世之道。陳鼓應說：「所謂正面與負面，並不是兩種截然不同的東西，它們經常是一種依存的關係，甚至於經常是浮面與根底的關係。」〔註 38〕根據老子思想而言，謂「多則惑」乃指多欲則迷惑，多欲則貪求必多，而至心發狂的地步。少應在於少欲，少欲故抱一而爲天下式，也就是固守本眞之「道」，能夠讓自己處於不爭的情況，唯有不爭，故天下莫能與之爭，故讓一切擁有自己，也讓自己擁有一切，此即是牟子「作用保存」的意涵，也是其「縱貫橫講」的方式。

二、「如何可能」的關懷

老子對道體的仍有所論述，但是到了莊子就完全化掉此一道體的進路，牟子則採郭象觀點，認爲道家「實有層」和「作用層」沒有分別，只是有其姿態，故在作用上道家的某些行爲，在世人的眼中，似乎沒有禮法、沒有教條、沒有規矩，是一種消極的處世哲學，殊不知道家對人世的關懷，也是十分深刻的。道家以世間的一切是不自然的，乃由人爲造作產生的，如果任其發展必然是扭

〔註 37〕王邦雄：《老子道德經的現代解讀》，（台北：遠流出版社，2010 年 2 月），頁 111。

〔註 38〕陳鼓應：《老子今註今譯及評介》（台北：臺灣商務印書館，2012 年 10 月），頁 138。

曲的世間，生命則是以病態爲常態，故道家以絕棄、不德、無用等觀點，來保住仁義聖智，其對整體做出導正，在於將一切導引向「如何可能」？如牟子言：

> 在道家，實有層和作用層沒有分別，此一義涵著另一義，就是道家只有「如何」（How）的問題，這還牽涉到其他概念，例如聖、智、仁、義等概念。道德經裏面有「絕聖棄智」、「絕仁棄義」之語。牽連到聖、智、仁、義這方面，道家只有「如何」（How）的問題，沒有「是什麼」（What）的問題。這個就是因爲道家的「實有」和「作用」沒有分別。〔註39〕

一般人只注意實有的作用，而忽略空虛的作用，老子通過車子、器皿、房屋等爲例，用的部份都在於其「無」，以「有」來定住「無」，故「有」之所以能夠妙用，是因爲其中的「無」。故老子將德分二層，而王邦雄解釋云：「第一層是德分上下，有德爲上，無德爲下，此爲『是什麼』的問題。第二層是不德有德，不失德無德，此爲『如何』的問題。『是什麼』是實有層的問題，『如何』是作用層的問題。」〔註40〕「是什麼」是指做到有德，怎麼做到呢？「如何」是指，不德有德是如何可能做到呢？道家乃以「作用層」的如何，來解決「實有層」的有沒有。

老子思想要在人生的限定的困局中，爲人開發可以化解、可以破除的生命傷痛，人爲都只是短暫，有爲也只是過程，只有自然才是長久，無爲才是眞實，道是那眞實的永恆，道家的人生出路，就是取消人爲，回歸自然。王邦雄認爲：「儒家屹立如山，可以有道德的安立；道家靈動如水，可以有智慧的靈動，水永遠環繞著山，道家空靈的智慧，有助於實現儒家的道家理想。」〔註41〕道家指出根本問題是「如何」，如何可以將這一切問題根本的解決，將仁義聖智定住，這就是道家將「實有」與「作用」抹除的原因。

大道在獨立中周行，在不改中不殆，然後周行而不殆的「有」，來自獨立而不變的「無」。故牟子說：「利（功用）就『定用』；用名之曰『妙用』。凡妙用都是無美的，所以說妙用無方。」〔註42〕這是一種智慧，只要讓心達到虛一而靜，照察的清清楚楚，才知道智慧的妙用是無窮無邊，故必須是實踐而得的。陳鼓應說：「老子舉例說明：一、有和無是相互依存，相互爲用；二、無形的

〔註39〕牟宗三:《中國哲學十九講》(台北:臺灣學生書局,2002年8月),頁127～128。
〔註40〕王邦雄：《道家思想經典文論：當代新道家的生命進路》，頁66。
〔註41〕王邦雄等著:《中國哲學史》上冊（台北：里仁書局，2009年2月），頁132。
〔註42〕牟宗三：《中國哲學十九講》（台北：臺灣學生書局，2002年8月），頁96。

東西能產生很大的作用，只是不同易爲一般人所覺察。老子特別把這『無』的作用彰顯出來。」〔註43〕老子的用意，不但是在引導人的注意那非具體形象的無之用，而且說明事物在對待關係中相互補充、也相互發揮。如云：

> 三十輻，共一轂，當其無，有車之用。埏埴以爲器，當其無，有器之用。鑿户牖以爲室，當其無，有室之用。故有之以爲利，無之以爲用。(〈十一章〉)

一切有的利都是來自於無的用，然實利的背後有一個虛用，人間的美好也是如此，人的作用如感情、事業、學問、友情……等都是實有，人能眞實的感受到它的作用，老子要人反省，這些用是如何來的？如何被保存的？如有能夠擁有它呢？如果每一個人都沒有自我，都能放開，放下我對他好，又忘記我對他的好，這個好就會永遠在那裡被保存著，所以好之所以能夠被實現，是因爲我們每個人都展現了那放下的智慧。林安梧說：「執著必帶來痛苦，放下是良方；虛空妙用，才得無窮。」〔註 44〕人生的關卡過不了，是因爲人的忘不了、放不下，以致於造成障礙，只有放得開的人，才能過得去·所以一切的實有來自於「無」，人只要讓自己如何「無」乃是道家最終極的關懷。

牟子以「無」包括了「體性的無」、「作用的無」的涵義，而以無爲用是「無以觀妙」，和以有爲生的「有以觀徼」，這並不是互相排斥，而是相攝互容。牟子檢視老莊關於主與客的模型，提出具有「以無爲本爲體」和「以無爲用」的兩個面向，而社會化的身心有其歷史文化的意義與象徵。只有在社會化的身體被支離解構後，純粹化的精神身體，才能徹底地挺立起來，可知道家不只是宇宙化的本體掌握，而是對社會化的身體採取了一定程度的理解與包容。

三、「文化導向」的關懷

中國知識份子最大的主題是如何見用於世？儒家文明製造了父權崇高的地位，以及家國同構的政治、社會格局，都期望著家庭中的孩子能夠儘快修齊治平成爲君子故以，但是這種效果卻和其本來意圖背道而馳，正如弗洛伊德所說的，父權演變成了對孩子的過度閹割，以及把孩子變成了父親的完成

〔註43〕陳鼓應：《老子今註今譯及評介》（台北：臺灣商務印書館，2012 年 10 月），頁 91。

〔註44〕林安梧：《老子道德經新譯既心靈藥方》（台北：萬卷樓圖書，2015 年 10 月），頁 33。

自戀的一個自體客體；而在儒家文化話語中，父權待壓迫也導致了缺乏對母性和口欲的昇華系統，這一點需要通過道家體系來完成。

老子講道的關鍵語詞——「無」的詞性上，原本是「無爲」的實踐活動，反照出的主體的沖虛玄德的境界，才將「無」轉化成名言以爲作用。如牟子云：

> 「無爲」對著「有爲」而發，老子反對有爲，爲什麼呢？這就由於他的特殊機緣（particular occasion）而然，要扣緊「對周文疲弊而發」這句話來了解。有爲就是造作。照道家看，一有造作就不自然、不自在，就有虛僞。無爲主要就是對此而發。他的特殊機緣是周文疲弊。周公所造的禮樂典章制度，到春秋戰國時代，貴族的生命墮落腐敗，都只成了空架了，是窒息我們生命的桎梏。因此周文的禮樂典章制度都成了外在的（external），形式的（formal），如此沒有眞生命的禮樂就是造作的、虛僞的、外在的、形式化的，這些聯想通通出現。任何禮節儀式，假定你一眼看它是外在的，那麼它完全就是個沒有用的空架子。只有外在的、在我們生命中沒有根的、不能內在化的，才可以束縛我們；若是從生命發出來的，就不是束縛。〔註45〕

牟子認爲老子的「無爲」是針對周文疲弊的問題而提出的，因爲周代的禮樂典章制度崩壞，成爲徒具形式的空文，這是屬於「有爲」的社會現象，故以「無爲」工夫來加以對治，故「無爲」成爲了老子講道的首出觀念。道家雖然表面上是和儒家對立的，但是實際上它具有輔助儒家的作用。

老子的理想人格仍是「聖人」，儒家聖人是最高道德化身，道家的聖人卻是最高智慧化身，聖人「不行而智，不見而明，不爲而成。」（〈四十七章〉）「自知不自見，自愛不自貴」（〈七十二章〉），但是這種智慧的聖人與道德的聖人，有先天人格和後天人格的兩種分別，老子是經由否定而顯出來人生境界，他的否定的是人世間的任意妄爲或即造作，有爲、或有執，故道只是人的否定任意妄爲或即不造作的觀照而並非指一客觀的形上實體。

道家在「道法自然」之間是詩性眞相的體驗活動，當世間已被道德壓得喘不過氣來，道家化解了那世間的壓迫，而牟子順著儒道兩家對仁義聖智的道德和價值之討論，而將道家的理解，是以「作用保存」和「正言若反」的詭辭等方式，是對文化詮釋的「共法」。就此賴錫三說：「牟先生用『作用的

〔註45〕牟宗三：《中國哲學十九講》（台北：臺灣學生書局，2002年8月），頁89。

保存』一觀念，技巧地緩和了原本道家對儒家二元觀的批判。」〔註 46〕道家以自然而然，不加勉強，其對文化的表達不僅有其高度，而且在詩性創作與美學鑑賞之中，當下現成，日用不知。正如西過幾多郎說：「未思慮的辨別，是一種眞正經驗的本來狀態，沒有主客體之分，知識和對象完合一。」〔註 47〕道家所追求的正是那種純粹的經驗。

又唐君毅先前作老子「道之六義」說，後來又有所反省說：「人之體道，要在體道之超越於天地萬物之上之種種意義，則於老子之道，即不說之爲實體，而所謂『有物混成』者，實亦無物只喻其物而。……當其爲體道者之所體時，即被攝入於體道者心思之內，亦顯其用於體道者之一切修道之事中，……故當與此心思合爲一實體。」〔註 48〕其將道做爲引導人心思進入「道」的一義理、一種道路，此義理道路是屬於開放的，所以不能說是凝聚爲一實體來觀察，這無疑又融合了儒道兩家的見解而又有發明。更加強說明「道」是無處不在，更是萬物存在的根據，不是專屬於某個人或物，所以道是「周行」而且永不變化「不殆」，祂是獨立的，不必靠任何的條件存在，故道能夠保住自己，因爲「獨立而不改」所以又能成就一切，成爲中國文化的共法。

四、「作用保存」對道家作用觀照對療癒力的開發

道家以道乃自生自長，而不加以干涉，而萬物各得其所，而人也應該依循著道的作用，關懷於百姓與世間。以主政者應當效法天地之道，遠離欲望和名利，以清淨無爲讓百姓自得教化，故「水善利萬物而不爭」、「聖人之道，爲而不爭」，一個君子能「去奢，去泰」乃得此無爲之道，乃契入境界，與道相同，故能得其「長生」。

依牟宗三的說法，是以作用層上的「無」，來作爲實有層上的「有」，老子由人生問題上的生活實踐，專進到形上的存有領域，以「無」爲道，而無的掌握要從「無爲」入手，這就是一種「作用的保存」，這樣的作用乃可開發爲療癒的面向。本節歸納其對世間關懷以爲療癒的思路，可列爲「縱貫橫講」、「如何可能」、「文化整體」等關懷方法敘述之。

〔註 46〕賴錫三：《牟宗三》（台北：臺大出版中心，2012 年 3 月），頁 141。

〔註 47〕西田幾多郎著，何倩譯：《善的研究》（北京：北京商務印書館，2007 年 5 月），頁 7。

〔註 48〕唐君毅：《中國哲學原論．原道篇卷一》（台北：臺灣學生書局，2008 年 8 月），頁 341。

(一)「縱貫橫講」的關懷療癒

道本是共法，人人可講。老子乃通過「無」來了解道，進而又以無來規定道，無是由有來證成，而有即是與「物」的關係，這即是道之「玄」，這就是形上學存有論的觀點。老子這幾句形式的定義，簡切中肯，其眞理只可體證、體現，而無法以名的概念恰當的分述出來，這是老子對實踐智慧的性格。牟子認爲：「了解道家工夫的特殊意義，因而了解了它的緯線（工夫），那就就可以用一個新名詞來表示：道家的境界形上的形而上學是『縱貫的關係橫講』。道家與萬物的關係是縱貫的，即縱貫的關係用橫的方式來表示。但縱貫的從不生之生、境界形態，再加上緯來了理，就成爲『縱貫橫講』，這橫並不是知識、認知之橫，而是寄託在工夫的緯線上的橫。」〔註 49〕道家的「無」並不是客觀的實有，而完全是由主觀修行境界上所呈現的一個觀念，所要從生活實踐來了解，這就意味著行的工夫。這縱貫橫講的交錯、體用關係，正好可以儒家「十字打開」〔註 50〕的關懷來說明之。

體會道的常無、常有，以人的心可以去掉人間名利權勢的執取，才能對自然有親切感。「道法自然」是觀道的常無之妙與觀道的常有之徼，以虛靜的觀照，就可以直接看到道的始物之妙，和道終物之徼。道家反對人爲、講求不爭、教人體法自然，當人能體會之，就是一種「無」的用處，所以工夫所見即爲本體。故其不要通過第三者，讓主與客直接面對，人的心能讓其合一，所以莊子與蝴蝶是合，夢與現實是合，如林安梧說：「道家的可貴處即是正視個人的有限，正視個人的渺小，就不會容不下萬物、容不下別人，因爲你不會用你的方式、話語系統、權力、理想等強壓在別人身上，而認爲應該自我

〔註 49〕牟宗三：《中國哲學十九講》（台北：臺灣學生書局，1990 年 8 月），頁 116。

〔註 50〕「十字打開」一詞，出現於陸象山對孔孟的評語，如云：「夫子以仁發明斯道，其言渾無罅隙。孟子十字打開，更無隱遁，蓋時不同也。」參見陸象山：《陸九淵集、卷三十四、語錄上》（北京：中華書局，2012 年 2 月），頁 398。牟先生援引之以用來說明「縱貫橫講」的表現，正可用以說明，儒道兩家的關懷皆如十字打開，圓融而無隱遁。「第八屆國際中國哲學大會」的講話牟先生演講：「中國哲學則自始是『徹底的唯心論』而十字打開，徹裡徹外，上下貫通，向「涵蓋乾坤」之超越方向發展，而或以「名」（倫理之名）爲教，縱貫縱說，確立人倫與自然生化秩序之「有」；或縱貫橫說，以「無」全有，解放一切既成之「有」，以維護「徹底的唯心論」之天賦的「成爲自由」的實現的無限性。」刊於《中國社會科學院研究生院學報》，1994 年第 4 期）。

撤開，當撤開的時候，反而有無限的可能，道家的獨特即在於此。」〔註 51〕這是一種全生的保眞方式，保有其眞樸自然，如此才能眞正作用的保存。故牟子又云：

> 道家講無，講境界形態上的無，甚至講有，都是從作用上講。天地萬物的物，才是眞正講存在的地方。如何保住天地萬物這個物呢？就是要從作用上所顯的那個有、無、玄來保住。〔註 52〕

道家並沒有否定世間一切人文的價值，其談「無」、「忘」，乃是在勘破人爲的執著，而隨化應萬物，從而再塑造人世的和諧，故這是寄託在工夫的實踐，即道家的義理需要透過實踐來證成的。所以從實踐作用上顯出那個有、無、玄，使得那存在的根據，得到了存在性的說明，更使得道家成就其以「十字打開」的圓頓開關懷。道家乃是默默肯定聖智仁義，且既有作用層的智慧，則實有層的意旨即得以保住，因此道家即是用之來體現它的道。故老子言：「爲學日益，爲道日損」（〈四十八章〉），爲學是學經驗知識，這需要天天累積增；但學道正好相反，因爲道本來具足，想要證成道只是將外在的知見都化除，將欲望、情緒、意念等造作一一泯除，如此才能虛壹而靜，看到「道」。牟子云：「如虛一而靜，無限心才是呈現，而無限心的妙用就是智的直覺。」〔註 53〕當人能以「日損」來體會那道的本體如大成、大盈、大直、大巧、大辯；而從道境之若缺若沖、若屈、若扭，若納等來見成，因爲是道的用之不弊、不窮，所以不是從外在得來的，而是由內在證成的。道已經給足一切予以人事物，那內在圓滿光明的玄珠—療癒之源，本來就存在，人只要能化除加諸外在的一切之有，就能回歸本來健康的身心，這就是道的療癒作用。所以道是一切療癒的根源，道體清虛寂靜而其作用能勝躁制動，以一切病灶的起因，都是人不自然的妄動，人能無爲而無不爲，便能善體清靜，則無障無疾，順事自然。

（二）「如何可能」的關懷

老子的形上原理要實現一切萬物，一切萬物都要透過祂來得到實現，王邦雄說：「故實有要通過虛無來實現」〔註 54〕。人人心中都有此形上原理，道

〔註 51〕林安梧：《新道家與治療學——老子的智慧》（台北：臺灣商務印書館，2010 年 6 月），頁 73。
〔註 52〕牟宗三：《中國哲學十九講》（台北：臺灣學生書局，2002 年 8 月），頁 132～135。
〔註 53〕牟宗三：《中國哲學十九講》（台北：臺灣學生書局，1990 年 8 月），頁 123。
〔註 54〕王邦雄：《老子十二講》（台北：遠流出版社，2014 年 9 月），頁 182。

家名爲「天眞」，但人爲什麼會成爲假的？只因人爲心中裝了各種東西，人常不服氣、不甘心，必須要抗爭，這樣就遮住了人天生的眞，這是屬於形而下的氣，氣不純而到處亂竄，這樣人就成了有限性，以致遮住了天眞的無限，所以道家要人把有限性化掉，這樣人就能與天道一樣。所以一切的實有都通過虛無來實現，因此實有之所以能夠保存、能夠實現，因爲虛無的妙用。

當人物天生如此時，莊子以離形擺脫了「吾生也有涯」的天生命限，去知解消法「知也無涯」的人爲桎梏，天籟乃「咸其自取」，最終又「同於大通」，這是自我眞實中的整體和諧。〔註55〕對於人間的是非，道家有一超越的反省，當人間的道有眞僞、是非、對著難辨之時，表示著眞已隱藏。當人努力於世但一直不能爲世所用，表面的放棄是需要的，取而代之的時，要擦亮自己心眼，去發現、去探求新的目標，這個目標比上一個目標更好。又牟子言：

> 道家就是拿這個「無」做「本」、做「本體」。這個「無」就主觀方面講是一個境界形態的「無」，那就是說，它是一個作用層上的字眼，是主觀心境上的一個作用。把這主觀心境上的一個作用視作本，進一步視作本體，這便好像它是一個客觀的實有，它好像有「實有」的意義，要成爲實有層上的一個本，成爲有實有層意義的本體。〔註56〕

道家「無」實具有「體無」、「用有」的兩重含意，老子云：「故貴以賤爲本，高以下爲基，是以侯王自謂孤寡不穀，此非以賤爲本耶？」（〈三十九章〉）道在苦難卑微處救人，更能解顯道的高貴，王邦雄說：「（這是）從道的『無』說卑賤，從道的『有』說高貴。」〔註57〕如此體無用有之說包含了道家根本精神，也是其「作用保存」的旨趣。

又如王弼以「崇本息末」來稱說道體，人要能除的是人的巧智之宰制與名教的虛幻，但不是要去除掉「以有爲生」的「有以觀其徼」，王弼乃是強調「舉本統末」的根源性。本是那道，末是屬於德，故「道生之，德畜之」，道是萬物所共由；德是物之所自得，故謂生於有、生於無、道生之、以及生一、生二、生三之「生」，自是表示縱貫生生的關係，而這生生的關係，必須在工夫的無爲上見著，如蔡仁厚說：「道家講『無爲』，正好不要意志，要遮撥一切有爲的意欲活動，通過致虛守靜的工夫，以作用地來保住物的自生，在這

〔註55〕王邦雄：《中國哲學史（上）》（台北：里仁書局，2009年2月），頁142。
〔註56〕牟宗三：《中國哲學十九講》（台北：臺灣學生書局，2002年8月），頁90。
〔註57〕王邦雄：《莊子道》（台北：里仁出版社，2010年4月），頁40。

裡，重在觀照玄覽，是靜態的、是橫的，故牟先生提出「縱貫橫講」之語，以說明道家境界形態的形上學，是甚爲恰當的。」〔註 58〕，可知道家言生，實在就王弼所謂「不塞其源，不禁其性」之下使萬物自生，而正需要透過體道者的十字打開來彰顯。

在牟子的說法中，內在寓意遠比一般的王弼思想詮釋更爲複雜。如言「體性的無」是主客合一所顯的眞實世界；「作用的無」是「主觀」上的「虛己忘我」，此二者若再加上客觀外境上的「有」，則成爲「主觀」、「客觀」、「主客合一」的詮釋模式。如老子說：「域中有四大，而人居其一焉。人法地，地法天，天法道，道法自然。」(〈二十五章〉) 四大的存在場域，物物渾成、周行不殆，道法自然，相互和諧。以人法地，蓋大地長養萬物，讓物性呈現其自己，人因此產生包容豐厚之感；以地法天是轉化物象，日損其知，滌蕩出塵外的味外之味；以天法道，是合主客之後，所達到的根本的理境，道讓這一切都表現在現象的自然之中，如王邦雄云：「道體生天生地生萬物，道體本身是大，它所生成的天地人，也一體皆大。人的存在分位，正處四大之一，人的生命走向，也在四大間展開。」〔註 59〕人的實踐之道在此須有虛己忘我的功夫，而回返於自然的渾全，道家的工夫實踐，是合主客所呈現的絕對的眞實世界，主客合一而呈現絕對，呈現的絕對的眞實世界可以自由妙造萬物，謂之「自然」。

當主觀與客觀的兩個環節的交融，從而引生詩性境界，屬於眞善美的化境，從人工夫如此而能互相的交互生成，使得四方互相隸屬，物物有其自己，則物物相忘江湖，在沒有規定與框架，人也不再爲現象的病情所困，這是道家圓頓式的、十字打開的關懷與療癒。

(三)「文化整體」的關懷

中國人的祖先、父權崇拜現象，中國社會存在強大而廣泛，如佛洛伊德所說的「精神閹割」，中國人變得在精神上不能創生了，於是變得對現實十分迷戀，對死亡的敬畏，對肉體苛求的追求都較其他民族爲甚。中國人一向不重視，甚至壓制情緒反應，這可能是難以形成獨立的神經質人格維度的原因。這也是以父權爲主的儒家建制下的文化現象。中國人表現的是「樂天知命」

〔註 58〕蔡仁厚：《中國哲學史》上冊（台北：臺灣學生書局，2009 年 7 月），頁 190。
〔註 59〕王邦雄：《老子道德經的現代解讀》（台北：遠流出版社，2010 年 2 月），頁 120～121。

的觀念，整個宇宙是處於一種均衡、和諧、協調的狀態，人要順乎宇宙自然運行的法則，以便維持整體的均衡與和諧。因此做人要盡其本分、刻苦、耐勞、勤儉，做到這樣的地步則是「盡人事、聽天命」。雖然在具體的事物上華人的觀念和行為是受傳統儒家思想支配的，而在世俗層面上表面上看起來不同甚至對立於儒家。傳統在涉及到人生觀、宇宙觀等問題以及超越性理想上，儒家和道家卻是一致的——最後的目標都是和一個超越性的原始性神秘客體「天」和而為一，這也代表著中國文化的哲學價值與系統。

道家文化中充滿了對母性、自然、陰性的崇拜，道家對母性特質崇拜，後來道教援引以純陽之體的引入消解了一部分，這種陰性認同的氣氛，與道家「眞人」的理想典範，是遠遠推開現實理性的典範，這典範可以用來投注母子共生狀態，對父權社會的一種反抗。〔註 60〕道家看到了這父權意識文化現象，他提供一套療癒的方法，事實上乃是對傳統威權與僵化的文化的對治。其強調不跟人事對立的，要避開權力、主宰；因為人心只要碰觸到權力利益，將介入人事的衝突，如此一來，人的理性將會失去作用，人的智慧也因此失去那「一」，主人不能當家作主，以致前途混亂、爭端、混亂就不可能避免。當時代對道德漸漸僵固，必須特別強調禮法時，猶如暴風雨將來恐嚇人心，然而人們內在的價值依歸乃是益顯得薄弱，主政者為求得保有一切的現狀，人心將會是動盪不安的，一言不合而動輒得咎，如世間的負向力量也由相繼而生，所以疾病、憂鬱、焦慮、抗爭、躁動、恐怖、爭端……等充斥人們的生活之中，正如老子說「同於失者，失亦樂得之。」(〈二十三章〉)，人無道無德，也失去生命主宰，則生命淪落人世成為貧乏。人文的束縛終將造成這樣的世局，故牟子說：

> 道家就是這樣把周文看成束縛，因為凡是外在的、形式的空架子，都是屬於造作有為的東西，對我們生命的自由自在而言都是束縛桎梏，在這個情形之下，老子才提出「無為」這個觀念來。〔註 61〕

文化的治療是整跟的觀照，從整體是一種根源性的治療，根源得到的對治，中下游也就得到的醫治。故林安梧說：「道就是總體的根源，德就是內在的本性，仁就是彼此的感通，義就是客觀的法則，禮就是具體的規範。顯然當我

〔註 60〕參考李孟潮著，童俊主編：《人格障礙的診斷與治療》(北京：北大醫學出版社，2013 年 4 月)，頁 15。

〔註 61〕牟宗三：《中國哲學十九講》(台北：臺灣學生書局，1990 年 8 月)，頁 91。

們講權力控制的時候，乃是刑賞二柄的狀態，這並不是我們現公民社會所要法則。」〔註62〕但當人們能有「總體的根源」就會有「內在的本性」，如此就有「眞誠的感通」，因此「客觀的法則」就保持得住，而「具體的規範」也能成形，就能讓世間回歸正道，讓人民回歸自然，以詩性的文字、奧妙的語言來說明，並以「自然」來消解文明的病症。如云：

知和曰常，知常曰明，益生曰祥。心使氣曰強。物壯則老，謂之不道，不道早已。(〈五十五章〉)

是以聖人處上而民不重，處前而民不害。是以天下樂推而不厭。以其不爭，故天下莫能與之爭。(〈六十六章〉)

老子以這種「利而不害，爲而不爭」、「少私寡欲，知足知止」、「知和處下，以柔勝剛」、「返樸歸眞，順其自然」等精神，道家乃對於傳統環境的調整心態，改變生活方式。道家作用保存的療癒本身整合了道家修身與養生的技能，老莊的價值觀乃是一種自然療癒，可與心理學和精神病學的科研模式相互整合。

老莊的思想中，常常出現與世俗觀點不同，並且頗爲驚世駭俗的言論，會讓人有「反社會」、「反理性」、「反人文」的評論，如云：「天地不仁，以萬物爲芻狗；聖人不仁，以百姓爲芻狗」(〈五第章〉)「上德不德，是以有德」(〈三十八章〉) 錢鍾書說：「芻狗萬物，乃天地無心而不相關，非天地忍心而不憫惜。」陳鼓應云：「天地不仁和天地虛空，都是老子『無爲』思想的引申。天地無爲順任自然，萬物反而能夠生化不竭。『無爲』的反面是強作妄爲，政令煩苛即多言，將導致敗亡的後果。」〔註63〕莊子書中更是明顯，批判儒生、直擊孔子，莊子破除傳統對孔子神格化的迷思，如云：「孔子適楚，楚狂接輿遊其門曰：鳳兮鳳兮，何如德之衰也！來世不可待，往世不可追也。天下有道，聖人成焉；天下無道，聖人生焉。」(〈人間世〉)，這是強調孔子只知道仁義之德，不知這「德」會傷了自己與別人；而接輿卻知道不德之德，不害己也不傷人。故莊子喟嘆世人只知仁義之德，不知不德之德，他強調人應該「支離其德」(〈人間世〉) 是把一切世間崇尚的美德都拋棄忘卻，如此才能合於道，人便能暢行無阻，不受外物拘束或侵害，自由自在矣。牟先生以老莊的「不德」不但不會受到「德」所帶來的種種戕害，同時因爲「不德」而讓

〔註62〕林安梧：《新道家與治療學》(台北：臺灣商務印書館，2010年6月)，頁86。
〔註63〕以上二引文，參見陳鼓應：《老子今註今譯及評介》(台北：臺灣商務印書館，2012年10月)，頁69～71。

萬事萬物自己自然具備有德。世間所謂的「德」，其實只是價值上主觀的判定，卻被世人奉爲圭臬，如何能和「道」相比呢？因而惟有「支離其德」，才眞正能同於大自然，此爲理想的境界。

牟子的道家理論，在體用以圓頓式是的「縱貫橫講」，並論述道「如何可能」的觀點上提供了一體的關懷，其一如先秦道家乃是要提供一種「文化整體性」的關懷療癒之學。道家對歷史文化的塑造、昇華，表達多方面的療癒特色，對於體用有無、主客圓融等面向都提供了對道的「作用保存」。而在文化面向上，其對於華人人格分析，也指涉到道家的歷史因素以及面對父權社會引起的情結上，提出了平衡的觀點。道家思想在漫長的歷史進程中，又加入道教體系，發展出了一整套從身體鍛煉到心靈修行的技術，其技術和理論的複雜性，乃屬於中國式的自然療法，又是另一種範疇的研究。

第三節　李白對道家作用的省察與療癒詩例

唐朝聖神仙佛紛紛具現爲詩人身分，如詩仙——李白、詩聖——杜甫、詩佛——王維、詩鬼——李賀……等，可謂詩界大家俱匯於有唐一朝。盛唐人物原本都帶有三分狂氣，是發自內心的本性之狂。唐開元天寶時期，是文風鼎盛的開放時代，它爲詩人、文士的自由恣意，提供了適宜的環境和土壤。如張旭在王公面前有「脫帽露頂」的狂態，李白「天子呼來不上船，自稱臣是酒中仙」自詡，而拒不奉詔。謹愼小心的杜甫在舉家衣食無著，餓得面黃肌瘦，面臨要「塡溝壑」的危險，依然寫出「自笑狂夫老更狂」的狂詩。韓愈乃一代文雄，也以「好爲人師」而得狂名〔註 64〕。他們都以一種精神創造者的姿態，狂態昂然，是健康社會的燭光。能士豪狂是思想自由的彰顯，唐詩所以凌跨百代，後無來者，實得於當時的文化開放和思想自由。本節以李白所展現的不德、無用、遊戲等面向，來論述其詩對道的「作用」的療癒效果。

一、李白「不德有德」的省察

李白的「不德」的舖排乃以嘲諷、批判、狂歌等方式，作爲其「不德」

〔註 64〕柳宗元說：「今之世，不聞有師，有輒譁笑之，以爲狂人。獨韓愈奮不顧流俗，犯笑侮，收召後學，作《師說》，因抗顏而爲師。世果群怪聚罵，指目牽引，而增與爲言辭，愈以是得狂名。」（《答韋中立論師道書》，《柳宗元集》（台北：中華書局，1989 年），頁 871。

的省察。一如莊子對名望、禮教或制度的批判，其以清狂的形象表達出道家的作用保存。李白的詩歌一如莊子之狂傲，他沒有魏晉的辟戾乖氣，卻多了一份人文的省察，這來自於「我可以」的自豪自信底蘊，李白自我初衷也形成主體的自由，在盛唐展現了眞實的自己，並把盛唐「狂」風氣盛推到多元開放的世界。

李白在〈梁甫吟〉一詩，表達到他想要救世而不可得的狂歌，把理想轉化爲一種情緒的發舒，在被無情的對待之中，他以嘲諷、批判、抨擊等，做爲其「不德」的省察，而這樣的省察正好可以提供一種自我的療癒，也只有李白這樣詩性長才，「不德」的省察療癒才可以被表達出來，如詩云：

> 長嘯梁甫吟，何時見陽春？君不見，朝歌屠叟辭棘津，八十西來釣渭濱！寧羞白發照清水，逢時壯氣思經綸。廣張三千六百鈎，風期暗與文王親。大賢虎變愚不測，當年頗似尋常人。君不見，高陽酒徒起草中，長揖山東隆准公。入門不拜騁雄辯，兩女輟洗來趨風。東下齊城七十二，指揮楚漢如旋蓬。狂客落拓尚如此，何況壯士當群雄！我欲攀龍見明主，雷公砰訇震天鼓。帝旁投壺多玉女，三時大笑開電光。倏爍晦冥起風雨，閶闔九門不可通，以額叩關閽者怒。白日不照吾精誠，杞國無事憂天傾。猰貐磨牙競人肉，騶虞不搯生草莖。手接飛猱搏雕虎，側足焦原未言苦。智者可卷愚者豪，世人見我輕鴻毛，力排南山三壯士，齊相殺之費二桃。吳楚弄兵無劇孟，亞夫咍爾爲徒勞。梁甫吟，聲正悲。張公兩龍劍，神物合有時。風雲感會起屠釣，大人齁屼當安之。（〈梁甫吟〉）

此詩當是李白離開長安時的作品，安旗認爲，此詩乃寫於開元十九年，如云：「李白曾多次遊梁園，此係初遊之作。」〔註65〕作者通過姜太公呂尙、酈食其等人的故事自喟，以古德不論老少皆能有所作爲，即我才懷古風更當有作用，借助於種種神話故事，寄寓自己的痛苦遭遇，把幾個不相連屬的典故交織在一起，表達遭受挫折的悲憤以及終將能大展才能的可能。全詩縱橫跌宕，變幻迷恍，淋漓悲壯。開頭云：「長嘯梁甫吟，何時見陽春？」長嘯是比高歌更爲狂厲激越的感情抒發，單刀直入地顯示詩人此時之悲憤，也爲救世而不可得的情懷定調。最後以「梁甫吟，聲正悲」，直接呼應篇首兩句，語氣沉痛而悲愴，正如干將、莫邪二劍不會久沒紅塵，我與明君之間爲邪人阻隔，正如釣叟呂望

〔註65〕安旗：《李白全集編年注釋．上》（成都：巴蜀書社，2000年4月），頁177。

的機運，後能際會風雲、建立功勳，自己應該安時以俟命。此時詩人雖然撫慰自己的痛苦，卻仍以各種辦法自我超越，不曾放棄對理想的追求。

詩中抒寫遭受人生挫敗後的痛苦和對理想的期待，氣勢抖擻，感情奔放，是李白代表作之一。方東樹：「此是大詩，意脈明白而段落迷離莫辨。」沈德潛云：「言己安於困厄以俟時。始言呂尚之耄年，酈食其之狂士，猶乘時遇合，爲壯士者正常自奮。然欲以忠言寤主，而權奸當道言路壅塞，非不願剪除之，而人主不聽，恐爲罪人戕害也。究之，論其常理，終當以賢輔國，惟安命以俟有爲而已，後半拉雜使事，而不見其跡。以氣盛勝也，若無太白本領，不易追逐。」〔註 66〕詩的意境顯得多姿離奇、疊巒錯落；時而日麗風尙、春飛盎彩，時而花浪翻躍、驚奇險呈；時而語淺意深、敘訴如話，時而杳冥迷惑、高深莫測，以嘲諷又寄寓的語句，作出「不德」又懷「德」的作用，故詩性節奏的連續變化層起，其強烈而又多元又複雜的情感表現得宣暢淋漓，沒有太白的本領，無法達此作用。

這樣不德的作爲，有時是需要勇氣的，所以李白不時借酒詠佯狂放誕之歌，隱藏的卻是深沉的寄寓，因爲其實他自以某一種境界的賢德爲居。對於治世的理念用如此清狂之詩，表現了對現實醜惡現象厭惡，抒瀉了詩人在理想不能實現的哭歌。宇文所安認爲，李白近乎瘋狂的呼喊，掩沒了這種對社會禮法的極大違抗，如云：「其充沛活力還體現在另一方面，將注意中心從主題本身——將一切事物都看得乏味陳腐——引開，直接指向抒情主人公。」〔註 67〕李白不斷借酒批判發出眞心聲。他激昂似暴風急雨驟起驟落而如行雲流水一瀉千里，在淋漓酣恣中見慷慨激昂的豪情，他不願被消沉情緒吞噬淹沒，從這大起大落的飛狂詩句，感受著他已超越了深沉痛苦和疾心憂患，以一種達觀的世情看待人情的自喻適志。又詩云：

> 君不能狸膏金距學斗雞，坐令鼻息吹虹霓。君不能學哥舒，橫行青海夜帶刀，西屠石堡取紫袍。吟詩作賦北窗里，萬言不值一杯水。世人聞此皆掉頭，有如東風射馬耳。魚目亦笑我，謂與明月同。驊騮拳跼不能食，蹇驢得志鳴春風。折楊黃華合流俗，晉君聽琴枉清角。巴人誰肯和陽春，楚地猶來賤奇璞。黃金散盡交不成，白首爲儒身被

〔註 66〕二注家參考瞿蛻園、朱金城校注：《李白集校注》一冊（上海：上海古籍出版社，2013 年 9 月），頁 217～218。

〔註 67〕宇文所安，賈靜華譯：《盛唐詩》（台北：聯經出版社，2007 年），頁 198。

輕。一談一笑失顏色，蒼蠅貝錦喧謗聲。(〈答王十二寒夜獨酌有懷〉)

詩人對生活周遭深刻和特有的敏感，使這首詩反映出我爲天地人的中心，放眼天下的局勢，戰亂動蕩、賢愚顛倒、遠賢親佞與暗黑流竄的現實，都待我去安置。詩心從頭至尾，激情噴湧，行文如笑傲江湖，具有倚天獨出的躊躇滿志，讀之使人心潮亢動，而他卻更是泰山崩前的不動。這是李白高度熱望與失望之間跳躍的平衡狀態，正是創造力，以及隨之而來的孤獨治療必要的元素，這樣的陣痛很難有適應良好的人，他帶著殘酷的現實，任憑命運挑戰，並重新奮力爭取自由。

李白是悟透了世情，於是順乎本性，以至於達到精神豐沛的無爲之德，以詩開展出不德的關懷。他體現了道家高潔、無爲之志，許鳳凰謫仙高鑒觀察自處，高越凡俗的逸心，養性如鳳凰之淨慮，他表現了其高節的情操，不像一般權貴只得到了一隻腐鼠，卻還怕丟掉似的，詩中寥寥數語，把得利者唯恐失去已得的權勢地位醜態刻畫出來。如詩云：

烈士擊玉壺，壯心惜暮年；三杯拂劍舞秋月，忽然高詠涕泗漣。鳳凰初下紫泥詔，謁帝稱觴登御筵；揄揚九重萬乘主，謔浪赤墀青瑣賢。朝天數換飛龍馬，敕賜珊瑚白玉鞭；世人不識東方朔，大隱金門是謫仙。西施宜笑復宜顰，醜女效之徒累身；君王雖愛蛾眉好，無奈宮中妒殺人。(〈玉壺吟〉)

吾觀自古賢達人，功成不退皆殞身；子胥既棄吳江上，屈原終投湘水濱。陸機雄才豈自保，李斯稅駕苦不早；華亭鶴唳詎可聞，上蔡蒼鷹何足道。(〈行路難．其三〉)

這是既有雄渾的氣勢、又講究法度的詩句。詩筆縱橫擺闔結合，亦放亦收，如「鳳凰」之句寫得謫仙臨世、「揄揚」之句寫逍逍高展、「朝天」之句寫功成回天的滿足，遊世救民都得到了淋漓盡致。詩騁足筆力，極寫詩人心繫世道，亦如鳳凰般心志來到人世，是謫仙臨凡超越俗圓，滿懷遠志超群倫要撫佐君王，使朝政淳善，如東方朔的內蘊才幹、如西施顰笑生風，見完美在此顯現。奈何滿朝的東施醜女，只怕權利被搶走，致妒嫉的污染充斥整個宮廷，世間得勢的凡俗，只是爲了掌握享受自己的權勢，亦不管大環境的改善，以致李白每每被拒斥。

有志之士，何時能遇明主？當國者終要得人才爲用，李白相信自有遇合之時。如朱易安說：「唐人似乎很少有功成後再歸隱的事實。因此，常用五湖事及李斯事表現爲一種失意或淪落的解嘲。李白詩意宣染多少有這種意味。」〔註 68〕只能以鳳凰心志來批判彼庸鄙之輩，爲持守住自己對世間的德，而以「不德」的方式來發揮其對世間之德，成爲其理想得以內外安住的省察。

二、李白「無用大用」的省察

道家不認爲世間有「無用」的東西，那些世人認爲無用，在道家眼中總藏有大用。如莊子說：「魚相忘乎江湖，人相忘乎道術。」(〈大宗師〉) 魚不知道江湖之大用，就像人不知道的大用，但兩兩互不干擾，自自然然而活。如果把「道」用更明確地譬喻，就是空氣、地心引力、溫度……等等一切。魚並沒有察覺，他們一輩子分分秒秒都必需活在水中，水是什麼，可能牠們看起來的屬於無用的；而人們也經常沒有意識到詩歌、文學、批判能力、公義……等是有「大用」，如同諾丘．歐丁說：「我們需要無用，就像我們需要空氣。無用的實用性，就是生命、創造、愛和欲望的實用性。」〔註 69〕人們所追求的實用的目標，只要是屬於有利可圖的東西，都會被歸類爲有用的；即使是學問、知識、研究等，若沒有與利益相關通常被判無用，凡是爲知識而知識的，可能是「無用」的。另一名學者努斯鮑姆也顯然對經濟學所提供的正義標準感到不滿，對經濟掛帥深入學術界和公共領域，日益主導的話語權深爲擔憂。在《詩性正義》〔註 70〕書中，作者以狄更斯的小說爲材料，對經濟學及功利主義所帶來的種種弊端，進行了揭露與批判，並在這種批判基礎上提出了「詩性正義」的呼聲，這與李白的心聲同氣共鳴。

李白被稱爲「謫仙」之際，詩名譽滿京華，實際卻是無用，如李陽冰〈草堂集序〉云：「格言不入，帝用疏之，乃浪跡縱酒，以自昏穢。詠歌之際，屢稱東山。」〔註 71〕李白的詩富於想像、超然灑脫，還因他的詩作極善於運用浪漫主義的表現方法，具有的那種想落天外的意境，讀之讓人飄飄欲仙的感覺，此後眞正的奠定其「詩仙」的地位與形象。想起賀知章的

〔註 68〕朱金城、朱易安合著：《李白的價值重詁》(台北：文史哲出版社，1995 年 10 月)，頁 91。

〔註 69〕諾丘．歐丁（Nuccio Ordine），郭亮廷譯：《無用之用》(台北：大雁出版社，2016 年 5 月)，頁 10。

〔註 70〕參考瑪莎．努斯鮑姆（Martha C. Nussbaum），丁曉東譯：《詩性正義——文學想象與公共生活》，(北京：北京大學出版社，2010 年 1 月)，序頁 2。

〔註 71〕詹鍈主編：《李白全集校注彙釋集評》1 冊（天津：百花文藝出版社，1996 年 9 月），頁 2。

贊美，曾作詩云：

> 四明有狂客，風流賀季眞。長安一相見，呼我謫仙人。昔好杯中物，翻爲松下塵。金龜換酒處，卻憶淚沾巾。
>
> 狂客歸四明，山陰道士迎。敕賜鏡湖水，爲君臺沼榮。人亡餘故宅，空有荷花生。念此杳如夢，悽然傷我情。（〈對酒憶賀監二首〉）

李白《對酒憶賀監》，在那律詩已相當成熟年代，卻仍以古詩的形式寫出，這正是適切地表達他樸素純眞而又自然的情感，此詩也可以看出，他感懷故友，只有故友可以瞭解他的也可以直抒心衷，不事雕鑿，一切平平道來，然而其中蘊含的情韻和詩人內心的悽楚，卻十分深沉豐厚，從詩歌審美角度來說，這也正是李白的「清水出芙蓉，天然去雕飾」的原則，從詩仙的手法來看，可謂濃妝淡抹、拈手可得。

他雖自我期許很高，對人生關懷深切，常以浪漫而開創的詩歌，展現特立獨行的姿態，但始終沒有得到理想的舉薦之機。李白詩以縱橫馳騁，隨意抒寫的樂府體古詩，長短不齊的雜言，獨特的開頭句式，讓人隨著他變幻無常、滔滔奔瀉、噴湧而出的情感洪流一起開闔動盪，感受著他的激情。他日漸消極，「且樂生前一杯酒，何須身後千載名」（〈行路難〉之三），懷著無限惆悵失落和鬱悶難抑的苦楚，經歷了一個漫長的冬天的等待，「空持釣鰲心，從此謝魏闕。」（〈同友人舟行游臺越作〉），於天寶三年春，李白傲然離開長安，他在朝廷是「多餘的人」〔註72〕，同時也成了「無用」之人，如學者評云：

> 李白正因此而對封建社會的某些黑暗面有了認識，他的詩歌創作也因此而產生了一個飛躍，他的天才閃射出了批判現實的犀利光芒。〔註73〕

李白這樣的人，也因爲多餘而無用成爲中國文壇的大文豪、詩仙、以及「流浪者」，終而達至其生命的意義。

李白重新返於自然的道家思想和尚武任俠的遊俠精神，使得他的詩充滿著一種對個人自由和個性解放的追求，他的詩誇張、神奇瑰麗、色彩斑斕、

〔註72〕「多餘的人」（superfluous man），這個語詞，出自俄國作家屠格涅夫（1818～1883）的《多餘的人日記》。隨後俄羅斯文藝界沿用，並使之形成概念，進而推廣普及，成爲專有名詞。參閱陳相因：〈自我的符碼與戲碼〉，收入《中正大學．人文風景學習營》論文（2013年10月），頁19。

〔註73〕呂慧鵑、劉波、盧達編：《中國歷代著名文學家評傳》第二卷（濟南：山東教育出版社，2009年3月），頁201。

氣勢豪邁奔放，大有一種超凡脫俗的仙風道骨。一如莊子「無用」的大才，能把從日常生活中直接感知的象，以及在感悟體驗中把握的象外之象，以其寓言聯繫起來，形成一種詩境藝術。此時李白也是如此，能以各種神奇的象，如〈夢遊天姥吟留別〉、〈梁甫吟〉中，以天馬行空的想像和生動華美的語言，描繪出一幅幅光怪陸離、仙境般的畫面，來抒發自己的思想感情，對其「作用」不能只是通過「看」，而是需要透過體驗，以人生之道來品味他的道用。考察李白的人生歷程，如宇文所安說：

> 有一則著名的軼聞，最早出自李白的朋友，第一位編集者魏顥之手：李白正在一位貴族家飲酒，被加入宮起詔書；他半醉地來到宮中，揮筆制誥，不草而成。這一基本情節並不過分完成可信。……傳奇的李白有著靈富的資料，蓋過了凡人李白的貧乏資料，而李白自己的敘述也是對前者的貢獻遠超過後者。但在文學研究者看來，傳奇遠比眞人重要，於是李白的多數作品都被用來幫助和美化傳奇的形象。〔註 74〕

> 沒有人像李白這樣辦盡全力地描繪和突出自己的個性，向讀者展示自己在作爲詩人和作個體兩方面的獨一無二。〔註 75〕

這種形象的獨特性說明李白的「自我」精神。李白從少年時就喜好任俠，以後在「混遊漁商，隱不絕俗」（〈與賈少公書〉）的長期生活中，又和許多民間遊俠之徒往來，受到這些人物的感染，寫了不少歌頌遊俠任狂的詩，看他的俠義自豪的精神，不甘心白首儒生，也不願屈己從人的性格，流露著他自信自豪的內心情志，李白身上可以說無所不用其極。又如詩云「永結無情遊，相期邈雲漢」（〈月下獨酌、其一〉）李白疏朗的意象與典故，使其詩明白如話，易懂好讀，有疏曠清朗之美，葛景春說：「表現的是以南方山林文化的自由派向著北方京城文化的傳統派的文化碰撞和交融，著重表現的是道家自然審美觀與盛唐時代的理想主義的張揚個性的浪漫文化精神。」〔註 76〕瞭解詩人李白的任情率眞地無拘無束地抒發自己的才情，而超越禮教約束與循規蹈矩的世俗人情，是其內在因素的自我成長，也正是其「大用」的所在。

他在不同的時空背景，經歷著不同的生活樣貌，注入對命運的體現，創

〔註 74〕 宇文所安：《盛唐詩》（台北，聯經出版社，2007 年），頁 184。
〔註 75〕 宇文所安：《盛唐詩》（台北，聯經出版社，2007 年），頁 173。
〔註 76〕 葛景春：《李杜之變與唐代文化轉型》（鄭州：大象出版社，2009 年 8 月），頁 110。

造出自己的理想與使命，眞實的呈現意義的生命，以「成長爲導向」〔註 77〕、熱愛生命，以更爲獨立自主、更有豐富價值的主觀經驗，來書寫人生面貌，因而提供了人們自我接納與值得被愛的感覺，加強對人生的體認。如詩云：

木蘭之枻沙棠舟，玉簫金管坐兩頭。美酒尊中置千斛，載妓隨波任去留。仙人有待乘黃鶴，海客無心隨白鷗。屈平詞賦懸日月，楚王台榭空山丘。興酣落筆搖五嶽，詩成笑傲凌滄洲。功名富貴若長在，漢水亦應西北流。（〈江上吟〉）

這首詩開頭四句，雖是江上之游的即景，但並非如實的記敘，而是經過熟思的、理想化的具體描寫，展現出華麗的色彩，有一種超世絕塵的氣氛。以「屈平」一角色，揭示出理想生活的歷史情調，如「屈平詞賦懸日月，楚王台榭空山丘」泛舟江漢之間，把屈原和楚王對比於有用、無用的兩種人生典型。屬於無用的屈原，因爲盡忠愛國反被放逐，竟自沉汨羅，終以詞賦之正義展現日月爭光的有用；屬於楚王日理萬機，乃國政上的大用，繁華的宮觀台榭顯得堂皇當時，卻因荒淫無道、窮奢極欲，最後終致亡國，當年蕩然於紅塵中只見蒼涼的荒丘。說明了歷史評斷，屬於內在光明者所發者終歸不朽，屬於欲情所動者終然消亡，故詩文乃是流傳千古的大用，權勢大位終無用而不可恃。詩人把縱酒狂歌化爲理想，對於那搖五嶽、凌滄洲的詩境，有著當下我是天地的頓悟。

藉此詩情表達李白「無用」之處，這個無用，乃在他的許多詩中都有明白的表現，成爲很有個性特點的實用性。故王琦對此詩注云：

仙人一聯，謂篤志求仙，未必即能沖舉，而忘機狎物，自可縱適一時，屈平一聯，謂留心著述，可以傳千秋不刊之文，而溺志豪華，不過取一時盤遊之樂，有孰得孰失之意。然上聯實承上文之泛舟行樂而言，下聯又照下文興酣筆落而言也。〔註 78〕

以江上的遨遊起興，表現了文人對庸俗、局促的現實的蔑棄，和對自由、美好的生活理想的追求。故王琦又說：「似此章法，雖出自逸才，未必不少加慘淡經營，恐非斗酒百篇時所能構耳。」〔註 79〕這是經過細心體會後的大才創

〔註 77〕馬斯洛（Abraham Maslow，1908～1970）將人的基本動機是分爲「匱乏」或「成長」導向。以成長爲動機的人，不會把他人看成供給的來源，而能視之爲複雜、獨特、完整的存有。以上馬斯洛思想，摘自歐文·亞隆（Irvin D. Yalom）著，易之新譯：《存在心理治療》下冊（台北：張老師文化，2011 年），頁 503。

〔註 78〕王琦注：《李太白全集》上冊（台北：世界書局，2005 年 1 月），頁 375。

〔註 79〕王琦注：《李太白全集》上冊（台北：世界書局，2005 年 1 月），頁 376。

作的作品，然而加上斗酒與狂興則能高顯李白的大能。

李白一生的「入世」肯定自我價值，展示自己的政治才能；「出世」擺脫對禮教的束縛，達到自由適意的人生理想，故「入世」和「出世」都統一在對自由追求的大目標下，實現自我和自由創造在他身上是一致的，這就是李白無用的關懷。正如安旗所說：

> 他幾乎是一邊說著出世的話，一邊又再做著用世的打算。使人感到他所謂出世云云，往往是作爲暫時自我緩解，說說而已，甚至是其言愈冷，其心愈熱。李白的出世思想當作如是觀，李白及時行樂的思想和行徑，亦當作如是觀。〔註 80〕

正是李白乃是一個有大才、可大用的人，他也抱有偉大理想，且富有濟世的熱情，他的屢遭失敗，與對社會無用的現象，其實正是他無人可比的品質與格調。就如蒙田所說：「我身上那些無可指責的品質，我覺得在這個世紀毫無用處。我生性隨和，卻被人說成軟弱無力，信仰和眞誠會被人認爲相信迷信和謹小愼微；坦率和自由會被人認爲令人膩煩和大膽妄爲。但是塞翁失馬，安知非福。」〔註 81〕東西方的大文豪都提供了一份見證，沒有任何人物在本質上是無用的，而無用性也不是無用的，這樣的觀點也印證李白「天生我才必有用」的說法。

三、李白「遊戲人間」的省察

遊戲是赤子的本能，人類用休閒娛樂來消耗剩餘的精力，可以得到一種快意舒適的美感。如席勒（Schiller，1759～1805）則主張：「唯有透過審美，人才是完整的人，只有當人遊戲時，他才完全是人；只有當人完全是人時，他才遊戲。」〔註 82〕這樣的說法很符合道家的理念，道家的遊戲觀念，莊子表現得淋漓盡致，其將想像外射爲具體形象，對於所意造的世界建構爲眞實，而且還帶著社會性意義，那是經過深思熟慮而選擇的做法，無論是藉由形色、語言、文字，皆有其其象徵意義，並講求內在的價值。故本節論述，李白以其狂人、縱酒、任俠等面向，其實寄寓著一種眞正的意義，並用以展開其人

〔註 80〕安旗主編：《李白全集編年注釋》上冊（成都：巴蜀書社，2000 年 4 月），頁 1000。

〔註 81〕蒙田（Michel deMontaigne）著，馬振騁、潘麗珍、徐和謹、丁步洲譯：《蒙田隨筆全集》中卷（台北：臺灣商務印書館，2016 年 8 月），頁 368。

〔註 82〕引傅佩榮：《西洋哲學史》（台北：台大出版中心，2012 年），頁 268。

間「遊戲」的省察。

李白因爲重道，然卻不想渾渾噩噩地一生「白首」，其少年遊每以劍擊任俠之行，一方面欲以絕學而應之於世，一方面想要救世救民的驅使，故狂歌劍俠成爲隨時要救民的遊戲。李白詩歌遊戲聚焦在山水、飲酒、詠月、詠史、游俠、游仙等方面，以少年春風狀其心貌，少年的氣息便具感染力，蓋此非靜態的描寫，實兼具了動態的演示。如詩云：

> 五陵年少金市東，銀鞍白馬度春風。落花踏盡遊何處？笑入胡姬酒肆中。(〈少年行〉)
>
> 銀鞍白鼻騧，綠地障泥錦。細雨春風花落時，揮鞭直就胡姬飲。(〈白鼻騧〉)

前首言五陵少年之豪情奔放，特別是以「銀鞍白馬」舖排亮麗，在春風的吹許下，更顯形象鮮活，而由「少年」、「白馬」、「春風」、「胡姬」、「酒肆」等名詞意象的組合下，點出「笑」字，更見「遊戲」的浪漫情懷。下一首「銀鞍白鼻騧，綠地障泥錦」二句，用銀、白、綠三色字，此是細描少年的心情，比之於春風花落的意象，得自然之意，揮鞭、飲酒寫少年的遊情，更以胡姬表達少年遊而尚未具人世洞穿氣息。但是稍長時，雖才氣縱橫、狂傲入京，乃帶著用之社會的狂氣，以一如莊清狂的姿態笑傲人間，如詩云：

> 我本楚狂人，鳳歌笑孔丘(〈廬山謠寄廬侍御虛舟〉)
>
> 被發之叟狂而癡，清晨臨流欲奚爲(〈公無渡河〉)
>
> 今日逢君君不識，豈得不如佯狂人(〈笑歌行〉)
>
> 誰人識此寶，竊笑有狂夫(〈贈僧朝美〉)
>
> 一州笑我爲狂客，少年往往來相譏(〈醉後答丁十八以詩譏余槌碎黃鶴樓〉)

李白稱爲「狂人」、「狂癡」、「狂客」、「狂夫」、「佯狂」，狂乃見道家的作用保存，道家對世間的關懷，以「狂」來表現是一種世間的勇氣，他必須挺立在人間做爲宣告，人人都應該接受被道所融攝的志向，他也眞正成了唐朝第一號「狂人」。

中國文學史上，李白是位世所罕見的狂人。然而在他的時代，似乎也見怪不怪了。如傅紹良說：「盛唐詩人是一個『狂的群體』，他們有時以一種狂誕的姿態對待政治社會，而狂傲人格形成的直接原因就在於老莊的自然之道，或者說來自於與老莊道家思想有著內在血脈的道教社會觀念和生存意識。」〔註83〕他的眞情中被世局的打擊，不能爲時人所受容，他的狂歌狂語，嗜酒與醉飲，揮翰如灑，放任自在，「被發之叟狂而癡，清晨臨流欲奚爲」（公無渡河）、「鏡湖流水漾清波，狂客歸舟逸興多」（送賀賓客歸越）、「窺鏡不自識，況乃狂夫還」（閨情）。狂的人生樣態不一而足，他自喻的帶「狂」字的稱號就有這許多。李白以「狂人」之姿來出入人間，出現在他不會朝近所用之後，對於世間的理想，有時候必須以酒來發功，故「縱酒」也是一種「遊戲」的作用保存，且達到其眞正理想。如詩云：

落日欲沒峴山西，倒著接蘺花下迷。襄陽小兒齊拍手，攔街爭唱白銅鞮。旁人借問笑何事，笑殺山公醉似泥。鸕鷀杓，鸚鵡杯。百年三萬六千日，一日須傾三百杯。遙看漢水鴨頭綠，恰似葡萄初醱醅。此江若變作春酒，壘曲便築糟丘臺。千金駿馬換小妾，醉坐雕鞍歌落梅。車旁側掛一壺酒，鳳笙龍管行相催。咸陽市中嘆黃犬，何如月下傾金罍？君不見晉朝羊公一片石，龜頭剝落生莓苔。淚亦不能爲之墮，心亦不能爲之哀。清風朗月不用一錢買，玉山自倒非人推。舒州杓，力士鐺，李白與爾同死生。襄王雲雨今安在？江水東流猿夜聲。（〈襄陽歌〉）

一開始用了晉朝山簡鎮守襄陽時的典故。李白在這裏是說自己像當年的山簡一樣，日暮歸來，爛醉如泥，被兒童攔住拍手唱歌，引起滿街的喧笑。但狂放不羈的詩人，毫不在意人生歷十年或百年，每天都要縱酒三百杯。李白狂笑世徒，因名利追逐讓世人忘失本色，他要有所關注，故藉詩酒之狂作爲關懷的途徑，批評儒士權貴及腐化的政治，他看到人們的貧苦與無奈，他們沒有可以抗爭的力量，但他關心群眾，他與人民是一體，他用詩來表達心聲，冀望文字的無爲，達到一層作用，讓詩可以成爲一種實有的意義，故詩中所顯的那不屑、渺視與傲氣，是期望那「無」作爲根本，來保障天下人民的「有」。然而體道自然有其道行，以俠客之姿替天行道也只是其遊戲人間的一例，如詩云：

趙客縵胡纓，吳鉤霜雪明。銀鞍照白馬，颯沓如流星。十步殺一人，千里不留行。事了拂衣去，深藏身與名。閑過信陵飲，脱劍膝前橫。將炙啖朱亥，持觴勸侯嬴。三杯吐然諾，五嶽倒爲輕。眼

〔註83〕傅紹良：《盛唐文化精神與詩人人格》（台北：文津出版社1999年），頁181。

花耳熱後，意氣素霓生。救趙揮金槌，邯鄲先震驚。千秋二壯士，烜赫大梁城。縱死俠骨香，不慚世上英。誰能書閣下，白首太玄經。（〈俠客行〉）

此詩在在說明李白以自己的才氣對人生的省察，以俠客的隱喻對著世間蒼生有聯無比的懷抱。〈俠客行〉是他拯危濟難的遊戲，他想立功於世的嚮往，從俠客的裝束、兵刃、坐騎描寫俠客的外貌，又寫俠客高超的武術和淡泊名利的行藏，再引入信陵君和侯嬴、朱亥的故事，強調俠客英俊以及自己對世間的抱負。俠客得以結識明主，明主藉助俠客的勇略，終成就一番事業，俠客也從此事了拂衣地深藏身名。邵氏〈聞見後錄〉云：「李太白俠客行云：『事了拂衣去，深藏身與名。』與元微之之俠客行云：『俠客不怕死，怕死事不成。事成不肯露姓名。』……太白詠俠不肯受報，如朱家終身不見季布是也。微之俠欲有聞於後世，如聶政姊之死恐終滅吾賢弟之名是也。」〔註 84〕李白才高氣盛，本性天真，性情中本有任俠的一面，這種小事非所掛意，他的大志是能達到經世濟民。

李白俠客、狂人的心聲正似一種遊戲人生的省察，但其表達的功能被隱喻在詩裡。「遊戲有它神聖的嚴肅性，這可以由遊戲往往帶領遊戲者超出日常生活的實際世界，到達一個超凡的領域裡，在其中有它的歡悅和愉快，就可以看出它的神聖而莊嚴的意義。」〔註 85〕他的詩不只是心智或情感，也包括身體與靈魂，閱讀其詩不能只看到表達的思想，而不注意情感意象、心理特質以及靈魂昇進，是遊戲的內在精神，如布魯斯說：「藝術創作都呈現了創作者信仰……作品就是我們朝聖旅途上的視覺祈禱。」〔註 86〕李白的詩常是對天地的告解圖像，在此生命境界中的自畫像，他的祈禱是以一種自我、合一的儀式展開，他在說他的故事，他的詩給讀者一種撫慰、心靈淨化的模式，也提供讀者隱喻、儀式和行動的作用，這是一種心靈活動的方式，從塵世中藉由狂融入修道式遊戲，此時主體是立於天地之中心，「我」是整全的獨體，這整全是包括了整個生活世界，他試圖提供一種對治的理想，所以他必須要「遊戲」，以遊戲來作爲另類的社會關懷。

〔註 84〕邵博：《邵氏聞見後錄》（北京：中華書局，1983 年），頁 136～137。

〔註 85〕傅佩榮、陳榮華等著：《西洋哲學傳統》（台北：臺大出版中心，2011 年 8 月），頁 230。

〔註 86〕布魯斯・穆恩（Bruce L. Moon）著，丁凡譯：《以畫爲鏡——存在藝術治療》（台北：張老師文化，2012 年），頁 239。

四、李白詩歌對道家作用療癒力的開發

道家是一股蛻變生命的能量，透過詩人們的體悟，讓道不斷地散發出微妙的力量，是一種深奧的、清晰的說理，是其對人生命的體驗，道家在跌後人分享這種觀照，這整體經驗是一種越來越妙的撫育，道家的慈愛是存在世間一種稀有的道用。這種道用力量卻能療癒人世的病痛，從不德來成德、在無用裡看到大用，在遊戲中歷世人生，這是道家的人世情懷，以其詩人精神來說人生的故事。他們以獨特的語言，做爲一種人間的藉口，透過這藉口，他眞正要告訴人的是無法語言來傳道的，但是祂卻存在於話與與話語之間的隙縫中，穿透進入那個空隙，就是療癒所在。李白在道家「作用觀」的詩心，可歸納出如下的療癒作用：

（一）從狂歌縱酒中省察人世的療癒

老莊之「不德」不但不會受到「德」所帶來的種種戕害，同時因爲「不德」而讓萬事萬物自己自然具備有德。世間所謂的「德」，其實只是價值上主觀的判定，卻被世人奉爲圭臬，如何能和「道」相比呢？因而惟有「支離其德」，才眞正能同於大自然，此爲理想的境界。以下將李白的「不德」以舖排爲嘲諷、批判、狂歌等方式（〈梁甫吟〉、〈答王十二寒夜獨酌有懷〉、〈玉壺吟〉、〈答王十二寒夜獨酌有懷〉）、〈對酒憶賀監二首〉、〈襄陽歌〉……等，借酒狂語更是無愧，如郭沫若云：「說到（李白）飲酒上來的有一百七十首，爲百分之十六強。」〔註 87〕他就是有一種「酒中之趣、酒中之眞、酒中之情、酒中之狂、酒中之膽、酒中之奇」〔註 88〕，酒德可化爲其關懷的力量，作爲其「不德」的省察與療癒。

李白灑脫不羈，狂放張揚，在儒家主導的歷史上的卻十分礙眼，他不揹負仁義道德，也看不上修齊治平，故李長之說：「李白的價值在給人以解放，緣由在李白的理人氣質和濃烈到極致的情感。無論喜怒哀樂，還是懮思愛憎，在李那裡都有淋漓盡致的揮灑。他率性坦蕩無拘無束，並非刻意要衝開什麼羅網，而是視之無物，隨心而爲。」〔註 89〕然而李白這樣一顆絕羨的自由心靈，李長之卻看到了詩人的痛苦，對於這樣的痛苦卻是作者的意識認定。當

〔註 87〕郭沫若：《李白與杜甫》（北京：北京人民出版社，1971 年 1 月），頁 196。

〔註 88〕黃永健：〈從李白的觴詠看唐代的酒文化〉《中國文化研究》夏之卷，2002 年，頁 25。

〔註 89〕李長之：《道教徒的詩人李白及其痛苦》（天津：天津人民出版社，2013 年 9 月），序頁 2。

詩做爲一種處方時，李白以其痛苦表達在書寫上，其實就是一種情緒的抒發，現實發生的一切都可以轉化將我們從各種痛苦的百鎖解放出來，李白已經看到了那「不德」的現實，他不需要理想或神話來告訴人們什麼是最好的，他最需要的已經從詩中賦予了，詩在當下成爲唯一存在的時空裡的眞實面貌，而這眞實面貌他永遠與前者做會面的治療，這某個角度來說，他療癒了自己，也治療了別人。

李白從詩中表達理想轉化爲一種情緒的發舒，在被無情的對待之中，他以嘲諷做一種自我療癒，也只有李白這樣詩性長才，能將道家「不德」的關懷表達出來，詩人對生活周遭觀察的深刻和特有的敏感。放眼天下的局勢，戰亂動蕩、賢愚顚倒、遠賢親佞、與暗黑流竄的現實。其詩激情噴湧，行文如笑傲江湖，具有倚天獨出的躊躇滿志，讀之使人心潮亢動，而他卻更是泰山崩前而不動。這是李白高度熱望與失望之間跳躍的平衡狀態，正是創造力，以及隨之而來的關懷治療必要的元素，這樣的陣痛很難有適應良好的人，他帶著殘酷的現實，任憑命運挑戰，他必須表達對批判的作用，並重新奮力爭取自由。

他表達出人們生命的之路，出現著是用意志洞穿自己和世界被忘卻的陰影，擺脫不下的現實，成了潛意識下的吶喊，夢境告訴人要知而未知的眞相，它總是隱喻著我們已經清楚的事實，我們所期待的事物、或將要踐履的事件，自己要求將之統合在意志的理想之中，它引領著我們進入自己更深層、尚未被發掘的內在世界。

（二）從見棄無用中開發書寫的療癒

李白人生的受黜與見棄，從而表現在「無用大用」的詩歌，以一種單純的詩歌正義，發揮了「無用」的實用性。當時李白的性格自然不爲世所容，能夠欣賞他的也不多，如好友杜甫則始終擔心他的老友的處境，在〈不見〉一詩中不得已直抒其憂慮：「世人皆欲殺，吾意獨憐才。」又說：「昔年有狂客，號爾謫仙人。」、痛飲狂歌空度日，飛揚跋扈爲誰雄。」「不見李生久，佯狂眞可哀。」等等，杜甫體會到李白是因不遇而受到無用，又因無用使其作出來的詩更具有張力。也因無用而佯狂、縱酒、批判，以詩性來超脫名教、崇尚自然，追求自由，並對諂媚而擁官位者，做出嘲諷權貴和批判庸俗的作用，展現他的直率純眞的作風。如〈下江凌〉、〈蜀道難〉、〈將進酒〉、〈遊泰山〉……等詩，李白以「無用」之狂歌，讓世人對其背景的感受度非常強烈，因此關於李白的人生外緣感受十分深刻，並加深了其詩作中展現了生命的不朽，也可以看出其詩歌乃是嘗試表達他對世人的療癒作用。如李正治云：

> 李白的生命史，〈下江陵〉的精神可以說是詩的必然涵蘊，也就是說李白的生命精神無形的滲入詩文之間。〔註90〕
>
> 考案李白的行蹤，自他離開蜀川以後，曾經盤桓江南十年，然後北上太原，東抵齊魯，歷覽祖國的壯麗山河。蹤跡所至，登山臨海，天才的生命由此更加奇偉豪邁，早期蜀中的英麗風格一轉而爲雄渾。由這點，有人便把李白的詩和司馬遷的文相提並論。〔註91〕

翻開李白詩歌作品，了知其以李白的慈情甚深，亦如同自己的心聲一般。詩人的生命歷程與內在生命的情境探析，常是詩人向世人發表的心聲，並認爲：「詩人情有所至，不容止於情，於是聲淚凝爲鏗鏘頓挫的聲韻，亂離之境化爲各種代表性的意象，相互映發，結合而成藝術性的組構。」〔註92〕所以體察李白的時代感情以及存在生命的理解，乃知其詩歌內在意涵的主要訴求。

李白在政治的無用，表現出詩性的大用，這「無用之用」是找回自我的最佳途徑，如羅洛說：「沒有認識到自我的命運，自我就不可能有意義。我們如何回應疾病、災殃、好運、成功、重生與巨大的死亡？……這些回應必須是與命運相連的自我來達成。」〔註93〕李白無用的命運，讓他得進行遊戲來體驗生命，詩人生命的經歷，卻可以將古今天地合融的意象，這種龐大感在個人時空間的領域裡，已呈現最爲鮮活的樣態，他走出常人的智慧，也看到了時空的遼闊，以瀟灑的生命超越的意志，是在不斷受苦中所淬煉出的意義。

從「療癒」觀點來分析：1. 當人面對挫敗總能淡然處對，李白總能以詩歌的書寫能化解焦慮；2. 又當人遇到挫折或衝突時，雖然感到非常煩惱和痛苦，但詩人的書寫可以讓痛苦的持續時間不長，詩能讓痛苦自然消失。3. 人對衝突體驗的改善能力，大多數的人在遇到挫折時或心理衝突時，能用自己的方式，把衝突加以改造或緩衝，故衝突體驗減輕或消失。李白作詩不但領悟自我而達到療癒而又能治療他者。4. 人對衝突引起的煩惱和痛苦的表達及宣泄能力，有人習慣把煩惱的體驗壓下去、悶在心裡，不能舒發，而李白則

〔註90〕李正治：《至情祇可酬知己》，頁145～146。
〔註91〕李正治：《與爾同銷萬古愁——李白詩賞析》，頁106。
〔註92〕李正治：《神州血淚行》（台北：月房子出版社，1994年1月），頁25。
〔註93〕羅洛．梅（Rollo May，1909～1994）著，龔卓軍、王靜慧譯：《自由與命運》（台北：立緒出版社，2010年），頁212。

能用書寫方式抒發愁苦，撫慰鬱悶的情緒。〔註 94〕以這四種方面在每個人身上表現不同，是由個性決定，有先天素質的因素，也有後天環境的影響，此時最重要的體道是對心理衝突體驗的改善能力。道家講「安之若命」，李白說「天生我才必有用」，這樣的療癒力可讓人們在成長期的社會生活實踐中體會得到，也是精神結構的超越功能。

（三）從真情遊戲中創顯人生格調的療癒

李白「遊戲」人間可以說是李白一生的經歷，尤其是他在入世與出世間的矛盾和衝突是比較明顯的，一方面認爲現實人生是有限的，是不完滿的，只有神仙生活才是無限圓滿的，因而也才是具有絕對價值的，值得他去追求，所以人必須從現實人生中超越出來去追求成仙成神才是他最正確的道路；另一方面他又肯定現實人生的價值，認爲它是人走向神仙的必須環節，人必須通過在現世的努力修行，得道以後才能成爲神仙，所以現實人生對於實現神仙這種絕對價值又是不可或缺的，從其〈少年行〉、〈白鷺鷥〉、〈襄陽歌〉、〈俠客行〉、〈廬山謠寄廬侍御虛舟〉、〈公無渡河〉、〈笑歌行〉、〈贈僧朝美〉、〈醉後答丁十八以詩譏余槌碎黃鶴樓〉……等詩歌，皆能反應出其遊戲開創自我格調的詩性。

李白做爲道教修士，對於傳統社會所強調要善惡分明、從善如流、除惡勿滋等種種觀念，無法發揮其藝術上的良能，禮教重重約束只會將此自我囚於困室之中，想要在這樣腐敗的官場內發揮救世救民的大才，已然是不可能，若想要施才於道，並且以道爲療癒，他採用了莊子般的遊戲，他發言爲詩，他的詩藝是一種成熟的遊戲，是一種赤子的良能。李長之說：「不懂死，決不能懂生；不懂病，決不能懂健康；不懂犯罪，決不能懂聖潔。」〔註 95〕李白在少年時，他早就體現道的教化風格，他有種種的自豪與自信，以遊戲人生的方式，對於世間採取了不認眞、不在意，但實際上是嚴肅的態度，也就是他要把罪人的靈魂解剖現世，那些在朝的權貴與罪犯，必需訴諸一切詩性的解剖刀，李白將這把刀發揮到最好的作用，他是自己的法官。

李白觀人生之道，從無用之人歷經命運的宰制，成爲了知意義的「流浪

〔註 94〕參考鍾友彬、張堅學、康成俊：《認識領悟療法》（北京：人民衛生出版社，2012 年 2 月），頁 25。

〔註 95〕李長之：《道教徒的詩人李白及其痛苦》（天津：天津人民出版社，2013 年 9 月），頁 25。

者」。林鐘美說：「他的頹廢形象的背後卻顯現了詩人內在性格的崇高，他的放誕行爲的背後卻展示出詩人內心的自傲。」〔註 96〕他開出對道的體證，即在那無用的人，也可擁有萬物存在的根據之源，人因爲有玄德的觀照，所以能體現到道，人只有在這種不造作、不控制的「遊戲」中，才能對自我的靈魂有所掌握。

李白對於「遊戲」之道，也正是他對道家的文化作出了詮釋，他回應了自己的生命，以詩性智慧書寫出道的無限可能。當他抒寫著自我的存在、經歷與痛苦時，這些都影射著他所浸潤的氛圍，這樣的心境被表達出來時，是一種深刻的觀照和奧秘的寫照，人與天正在進行一場交流，這種交流讓他得最高的嘉許和敬畏。李白不斷在尋求心中疑慮的解答，他以抒寫的創作力做爲本質，他的經歷就是個極富創造性的過程，因爲不斷的抒寫，故其心能不斷的塑造、發展，最終轉化爲一種新穎的思維和行爲。在每一次的抒寫中，他的思想重新被發掘與體驗，新鮮的措辭潤飾著那些舊有觀念，並將其經歷、理念和意象、心的比擬和隱喻圓融流轉、互爲滲透，就好像天人之間的對話，已然沒有隔閡。他的詩如同悠遠的、不凋零的經典，被一次次的宣暢，成爲華人共同的記憶。

李白的道家書寫是一種療癒的詩歌，打破詩歌創作的固有格式，無需依傍，筆法多變，達到了變幻莫測、搖曳多姿的神奇境界，不僅感情一氣直下，而且還以句式的長短變化和音節的錯落，來顯示其迴旋振盪的節奏旋律，造成詩的氣勢，突出詩的力度，呈現出豪邁飄逸的詩歌風貌。美國學者尼古拉斯・瑪札（Nicholas Mazza）曾說：「書寫可起到釋收情感、疏泄郁悶的作用，對緩解內心衝突、焦慮、混亂也是極有幫助。」〔註 97〕李白詩歌書寫具有獨特的藝術個性及其非凡的氣魄和生命激情，大鵬般飛向南冥，有壯大奇偉的剛健之美，不斷開顯其生點價值，也會讓人浸潤在其充滿元氣的迴盪中。當詩人無法逃避面對權貴的生活，他必須承擔無法改變的命運，必須接受世間的樣態，負起這不能承受的孤獨，就在這一切都無可依靠，只有自己掌握自己，於是見獨成爲最眞實一切，從而達到最深刻、最高價值的謫仙的眞面目。

〔註 96〕林鐘美：〈含淚的狂笑——談李白詩歌的崇高悲壯美〉《西安教育學院學報》，（1999 年 3 月，第一期），頁 52。

〔註 97〕尼古拉斯・瑪札（Nicholas Mazza）：《詩歌療法：理論與實踐》（南京：東南大學出版社，2013 年 6 月），頁 9。

第四節　小結

道家「作用觀」依牟子「作用保存」的詮釋，這正是一種觀照的態度，從一開始就要瞭解「觀照」是要與人間的「現象」爲友，是無論你的心中出現什麼，都要在覺察中溫和地包容它們，然後逆覺到自我的內在。以療癒的視野來觀察，道家「不將不迎」的態度看待人生，讓自己成就道家修眞之人，從而自我就是眞人的化身。人可將生活作爲眞善美修練的一種形式，人能以原型自我的創造來通達天的形上根據。道家以遊戲、不德、無用來體現人生的作用，亦運用以作用的保存方式來表達空靈的詩性。

牟子以界定的「道」形上基論，是透過「作用的保存」的「有」才能特別地透顯其理論，其謂道家「絕棄」、「不德」、「無用」、「遊戲」的作用，更能提高的道家詩學意境。牟先生對道家的詮釋，其特徵突出「主觀境界」理論形態，但採取這個形態的意義，則是必須透過「作用的保存」才能顯明。因此在論及此一詮釋系統時，以「無有之間」、「如何」、「文化」等爲關懷面向來展開道家的妙義，故其理論能爲道家開顯高度與廣度，並在現代的文明社會中具有存在的價值。從道的作用視透人生虛靈的智慧，道家的詩性乃神與氣、意與蘊、境與美，充分展現以有得無的整全的視域，並且爲自然性格的浪漫、積極與衝勁，做了實際的生命體現，更能提供爲一種文化向度，即開出「作用保存」是一種關懷方式。

李白一生的頓挫爲例，從其作用保存的觀點來觀其詩境，可以分析出以下特點：李白詩與人生在作用保存形式，如在「遊戲」的作用上，採用狂人、縱酒、任俠等面向，並展開其「遊戲」的關懷；在「不德」的作用上，則採嘲諷、批判、狂歌等方式，作爲其有德的關懷；在「無用」的作用，在政治上的「無用」，卻也彰顯其詩性的「大用」，他成爲中國文壇的大文豪、詩仙、以及流浪者，達到其生命的意義。故道是無所不在，無所不知的，但不是無所不能的。

老莊、王弼、郭象、李白與牟子等人可視爲通過其人生的修練，詩人能夠積極地參與自然的創造活動；但人同時體認道的無爲價值進入生命的藝術，如姚一葦云：「從人生的打擊處化解各種傷痛，回歸自然，使人存在的價值展現，成就人生的開創。這便是一個偉大的藝術家的心胸與抱負，亦即他對於人類的所信守的。」〔註 98〕道家的心靈總是純眞美善流露，他的作用具

〔註 98〕姚一葦：《藝術的奧秘》（台北：臺灣開明書店，1976 年 6 月），頁 62。

有療癒作用，適性於人間，因此他們對民生的關懷是那麼深摯，對道的開展是屬於潛質的揮舞，他們是那一種「用心若鏡」的自然心靈，正如尼采所說：「在我的生命中，沒有任何鬥爭的跡象；我是一個與英雄氣質相反的人。像意欲某些東西，『追求』某些東西，從我的經驗中，我毫不知道些東西。我展望我的未來，就像在平靜的海上一樣：沒有任何期望擾亂它的寧靜。」〔註 99〕所以不管眞人也好、仙人也好、狂人也好，他們的風格與人格創造都成了療癒之媒介。姚一葦曾提出這樣審美目標：「一個偉大的藝術家，他不僅屬於他同時代人的，他亦屬於千百年以後的人類；他不僅屬於那一狹隘的地區，亦屬於廣大的人群。」〔註 100〕因此，他是屬於人類的藝術家。一個人類的藝術家必對人生有所關懷與省察，有所闡揚、有所褒或有所貶、有所肯定或有所否定，對於人類的生命或生命的底層的隱秘有所發掘，天性中的偉大必能有所認知，而且他們還必然關懷著人類的命運。

〔註 99〕尼采著，劉崎譯：《瞧！這個人》（台北：志文出版，2014 年 4 月），頁 78。
〔註 100〕姚一葦：《藝術的奧秘》（台北：臺灣開明書店，1976 年 6 月），頁 63。

第五章　道家語言觀之療癒

道家語言的是極具內蘊又讓人回味無窮，對於道言的理解，必須是體道者的實踐，然後透過語言文字來描述其心智的開顯，其語言具有審美、象徵、感官的運用，以玄虛、秩序和平衡的表達，產生出一種安頓的效果，以玄理玄智的語言運用，將正反兩面超越，終而成爲圓教說法的模型。當道家利用一些看似反面、瑣碎而不合理的現象，用來說明其要表訴的眞理，即是老子「正言若反」的方式，從而讓人領悟某種意境之眞善美；以重在內心的悟見，勉強以語言來訴說，這乃是莊子「得意忘言」的詩意手法；以此詩性可去化泯全體生命的差別，以及物我眞正的平等寄寓，故爲郭象「寄言出意」的玄理觀照。

道家的語言屬於非分別說的、非邏輯性的，其以圓成人類最深層的心靈爲切望，故其詩性語言風格，呈現出絕對主體價值的意味，並開出自然境界的形式，這是時代與個人的，內省與非內省的，寫實與反寫實的，古典與浪漫的表達，在語言觀上牟子稱爲「詭辭爲用」之大宗。從這樣的理論開顯，也開出道家語言的療癒觀，並進而從閱讀之中發掘其原則，成爲其療癒功效。本章以道家詩學「語言」觀的療癒，以「閱讀分析」對道家「語言觀」療癒再開展，牟宗三「詭辭爲用」的詮釋與療癒省察及李白對道家「語言觀」療癒詩例等展開論述。

第一節　道家語言的觀照與療癒

道家以道爲存在的根據與運作規則，來體現「無」之本質，這不是離物象的純虛無幻想，「無」實乃萬物交融相互共感的氣化流行的有機運動，道體者以不可言說，乃因體道者融入這氣化流行的天籟之聲中，眞人以「道行之而成」，用人的語言是無法全體呈現，必須用遮撥的方式來說，也必須物化的方式來說，故「大音希聲」、「道隱無名」等說法，就是用弔詭地說、以天籟說，就是讓萬事萬物自己說，「即道通為一的具體隱喻，乃是即道即物、即部分即整體。」〔註1〕老子雖謹說五千言，即使他講得話比孔子少得多，但他那「無」的名言，卻被魏晉人士認為未能證「無」的境界，而孔子不曾說「無」，卻以庸言庸行的「用有」，眞正體現了「無」的境界。但到了牟宗三又回歸道之本旨的說法，以道的說明需經過「正言若反」之歷程，即「正面的道理要從反面說，走向辯證的超越」〔註2〕，以正反而至合，合是高一層次的正面，以否定的化解和克服，都有著保存且超越的妙用，這也是牟宗三重顯「道」的語言智慧。

今本《老子》大都是韻文，是用韻文所寫成的一部哲理詩，語言特別精練，多排比、對偶和比喻，其中許多論述都成了俗語、格言，如「大方無隅，大器晚成」等，都是從實踐中總結出的經驗，具有超越辨證的語法。老子的時代，正是中國哲學思想發育的初期，所以文字多為語錄體的形式，而不是論辯式文句，只用平鋪直敘的說明用語，符合初期詩文的創造，一切有意識的內心活動都可以用因果關係來解釋，但概源於浩瀚的無意識空間的創造。老子的語言乃沈潛、堅實，能隱而不發故顯深遠，體立而用藏，顯構綱維。表達方式上，老子採取分析的講法，故能將種種義理、概念連貫而生，各有分際。如對於道之本體論、宇宙論與修養工夫上的體悟，都能將義理整然的確立起來。莊子的語言乃在老子的基礎上，表達出顯豁而透脫，全體朗現，體用綱維化而為一，用描述的講法，隨「詭辭為用」打破邏輯的慣性，以「非分別說」的方式，從是非相對的立場，達到超越是非、相忘相泯的境界。如言：「以卮言為曼衍，以重言為眞，以寓言為廣」，此中是闡「詭辭為用」的玄智，正如牟子謂「無理路之理路」「從混沌中見秩序」〔註3〕，因為似是悖理而有實用，更印證道家語言之妙用。以下從道家的「正言若反」、「得意忘言」、「寄言出意」等基本理論來論述之。

一、「正言若反」的觀照

老子以道作為萬物的實現原理，一切價值的最終根據，乃獨立上名言之言；但名言是人文世間的規範系統，故道藉著的名言在人生的落實與運用；然說名言都是屬於「可道」、「可名」之列，仍不足以表達道的全體妙用。袁

〔註1〕參考賴錫三：《當代新道家——多音複調與視域融合》，頁309。

〔註2〕王邦雄等著：《中國哲學史》上冊（台北：里仁書局，2009年2月），頁119。

〔註3〕參考牟宗三：《才性與玄理》（台北：臺灣學生局，2002年8月），頁121。

保新認爲：「老子處身周文疲弊的時代，面對混淆失序的世界，如何重建和諧的人間秩序，則只有反名歸實。老子亟言『道隱無名』，實欲『崇本舉末』，其用心不可謂不深矣」〔註4〕老子以語言深具智慧，只有學習去聆聽的人才能享有這種智慧，人常以散漫任性的態度去對待語言，結果常探觸不到語言的眞正意義。老子曰：「天下莫柔弱於水，而攻堅強者莫之能勝，其無以易之。弱之勝強，柔之勝剛，天下莫不知，莫能行。」（〈七十八章〉）人生的言語常有其對立性的表達，而語言本身也受著這種對立性的影響，所以常是模糊不清，或帶有模稜兩可的雙關語意。

道家對語言的反省，一開始就注意到心物的相對關係，以「非分別說」、「玄理型態」等表現，如在老子一書中，許許多多的章節、文句，都用到了相對、正反的概念，如善惡、難易、長短、高下、音聲、前後等等，故有後反、反正、合道的意味，以開顯發出圓教的論說。老子「正言若反」的意思可分成「反向而行」、「循環反覆」、「反者道之動」〔註5〕等三個概念來論述：

（一）反向而行

老子以「無」爲道，通過無的智慧來保存有，他反對禮文及名言的虛架，認爲「禮者忠信之薄而亂之首」，有文而無質，人乃失去忠信而成爲眞正的禍端。所以他要用反、用弱、用無，以消極的手段達到積極的目的。在老子指出名言不能表達眞正的道，言語和大道有其差距，甚至名言常誤導了大道。正似鈴木大拙對禪的描述：「表面上禪是否定的，但是它也總是舉示那本來就在我們眼前的東西……有很多被無明遮翳心眼的人們對它視而不見。得確正因爲看不見禪，才會認爲禪是虛無主義。」〔註6〕老子對「道」描述也似如此，他以相對關係及事物的面相兩極化，是一種包含互不相容的兩種概念的對立面超越。正言若反可以讓人清楚體會二分的次序，以廣用的「相對概念」推至萬事萬物，事物現象有其正反意義，雖然相互對立、又相反相成，有著一種互消互助的關係。正因爲常人以爲自己無法超越對立，所以始終不敢去踰越它，正面思考是一種戒規，它一直在端正人們的步伐，如果一碰觸世間的規範，人們就會恐懼不安，因爲人的心智一直被規定在這種二元論的嚴格教

〔註4〕袁保新：《老子哲學詮釋與重建》（台北：文津出版，1997年12月）頁176。
〔註5〕參考蔡仁厚：《中國哲學史》上冊（台北：臺灣學生書局，2009年），頁194。
〔註6〕鈴木大拙著，林宏濤譯：《鈴木大拙禪學入門》（台北：商周文化，2016年2月），頁79。

條下運作，人們從未想過可以擺脫這個自己設定的知性範圍。

老子試著突破語言的有限性，去除二元的對立，反向而能正行，在放下一切對立的心境上，體會眞正自由的生命，反歸到無，以不努力的努力來讓自己進入更高的肯定形式。「『無明』就其本身而言並無不妥，只是它不能踰越其界限。『無明』是邏輯二元論的另一個名字。」〔註 7〕由於老子的道不是肯定、也不是否定，而是了了分明的事實，純粹的經驗，也是人們的存有和思想的基礎，故能掌握了道於處世的有便得自在，如老子說：「執古之道，以御今之有。」(〈第十四章〉)「有」當爲具體存在來使用；「惚兮恍兮，其中有象；恍兮惚兮，其中有物。窈兮冥兮，其中有精；其精甚眞，其中有信。」(〈二十一章〉) 這「有」是「形上存有」的意思，故現象與本質是同在，故老子的意思是主觀也是實有。

在人與道的關係裡，人只要按照自然來生活，只要服膺於自然，順自然之道就是臣服，沒有自我，沒有主宰與造作。正向的教法要人們強化自我、面對挑戰；但反向之教是叫人如何拋棄自我、放棄人爲，而變成跟自然合而爲一，這樣才能達到「負陰而抱陽」。所有「正」的事物內部都包含了「反」的屬性，所有「反」的事物內部也都包含了「正」的屬性，他們在事物現象形成了內在關聯。正反在事物中形成了這種互相對立又互相補充的關係，這是事物的局部性，由於這種在某方面的缺乏，造成一段可變的需求，於是形成了事物的變化性。老子認爲道不是不變的、固定的，而是可萬變的、在正反之間互相轉化的，乃爲無所不在的情境。眞正達到這種境界，人才能悠遊自在，才能觀機來幫助一切人民，故老子中的聖人會毫不吝嗇地將「自然」這藥提供出來，將上天的寶物提供給需要的人，聖人也會因人說法，應病予藥，恰到好處。

老子「正言若反」的觀察，要人探究萬物的眞相時，必須回到一個原點去觀照之，雖然是正反現象，心是立住在抱元守一上，如云：「有無相生，難易相成，長短相形，高下相傾，音聲相和，前後相隨。」指出了正反兩方相依存在，因爲無論有無、難易、長短、高下、音聲、前後都是相對比較而得到的概念。是一種「對立面的轉化」，一種反向心理思考，是一種悖論而非悖理。他以多元性譬喻，世間的現象與事物都可以當作舉例的對象，體現了道

〔註 7〕鈴木大拙著，林宏濤譯：《鈴木大拙禪學入門》（台北：商周文化，2016 年 2 月），頁 78。

無所不在。老子教人面對任何事象或障礙，要先退後一步，無需再加反省和討論，隨著事物和現象的不同，眞理有時在現象正面，有時在事物反面，人們不能將這個世界用簡單的二分法討論，眞理可能存在正與反之間，也就是多面之一。人們要說經驗法則乃是眞理，卻可以被老子找到反例而超越之，正如西田幾多郎謂「純粹的經驗」〔註8〕乃是未有經驗之先的經驗；相同的，如果說世俗的觀點總是不正確的，道家也能站立在某些特定狀況下找到反例而加以肯定之。如如雪不一定是白的，烏鴉不一定是黑的，然而它們各自本身非黑即白，人們的日常語言總是無法表達「道」的確切意義。

老子以語言表達，乃是要人放掉說「是」、說「非」的知見，肯定是一種排斥或否定是一種限制，排斥與限制都是在傷害心靈，然而心靈的生命應該自由與和諧的，也不是僵化固定的道，從悖論來看反而能看到眞理，正如史考特所言：「我們從中看到悖論，但這悖論也使我們得以一窺最深處的宇宙經驗。」〔註9〕當我們不再拘泥於字面意義或純粹的隱喻時，其神聖性就在裡面。故「常道」。乃在可道與不可道之間，「正言若反」是以「若反」的方式去言說那不可言說的常道。所以，瞭解老子用以表述「常道」的語言模式，即老子「若反」的「正言」的掌握，如此才不致迷陷於「可道」與「不可道」的詭辭之中。老子所關懷的是當下的、超越的主體境界，他明白自由和諧的拿捏分寸，因爲語言無法形容那種境界，沒有相對可言的境界，這是「正言」卻呈現「若反」的因素，進而讓語言可以產生積極的效果，促使主體在行爲上有所改變，老子乃基於人們內在生命的需求，提出「正言若反」是帶領人們到一個沒有任何對立的絕對實境。

（二）循還反復

大道沒有經過生住異滅的過程，就無法顯現它的眞；德行沒有經過毀謗諷刺就無法興盛。自古眞理不移，端正的人從不謗人、不非人；批判他者的心必定要有所更高的整全之說，否則乃是具有不正之心或陰謀論。當人只以自我意識爲思考，則將帶來誑妄心，輕慢、偏邪、高傲等一切之不善心，由此而生，這些都是道家所要批判的，他們認爲事物皆包含著某一程度的正反

〔註8〕西田幾多郎著，何倩譯：《善的研究》（北京：北京商務印書館，2007年5月），頁32。

〔註9〕史考特．薩繆森：《在生命最深處遇見哲學》（台北，商周出版社，2006年2月），頁164。

因素，而事物在完美、圓滿之時也是包含正反兩種因素的，而造成了事物的特殊面相。

老子指出，世間有物質之相、有素質之相。如表象與材質情況的呈現是屬於「物質之相」；而內在要素是樸素的，這本質能使其表面更加完整，乃是屬於「素質之相」。這素質之相可能與物質之相相反，兩者都是老子要表達的，老子更想指出那內在的素質之相。如云：「大成若缺，其用不弊。大盈若沖，其用不窮。大直若屈，大巧若拙，大辯若訥。」（〈四十五章〉）可代表事物之「物質之象」，但從另一個角度言之，這大成、大盈、大直、大巧、大辯，都包含了一種「素質之相」，即反面的缺、沖、屈、拙、訥等，讓這些因素顯現於外，使得事物表達更完滿、趨於穩定，就是因爲它們能以正面的形象去包容負面的特質，而負面並不是代表不好，老子盡量避免走向事物的反面，萬事萬物的特色之處並不一定在其正面的形象，而是靠反面的因素配合，正反相因才能發揮它樸質的特色。

爲了進一步了解老子的語言，必須掌握兩極互相依的要點，不可能廢除一端而只抓住另一端，而人大部分的活動在這種不可能的一端上。如此正可用來說明醫病關係，當我們堅持促進健康而與疾病奮戰時，單向的趨向滋養一方，相反的一方越會隱身而秘密地生出，這就是「病灶的轉移」。故老子說：「禍兮福之所倚，福兮禍之所伏。」（〈五十八章〉）指出了禍與福之互相轉化，禍福、吉凶、休咎、利害皆循環反覆，沒有窮止，故「孰知其極」就說明了「極」乃是變化的開始，一切「物極必反」，當事物到達某一極端時，便向反方向轉化，這正是道的一種表現，有智慧的聖人會配合道，教人居於適合的一面，讓人活於自在而不致病。

道家的生活是一種藝術，它需用損、忘、棄的態度來活，不再是對立的看待事物，且不能有任何斧鑿的痕跡，故「故物或損之而益，或益之而損。」說明了損益之互相轉化，一方面它可以指事情本身之變化，一方面它可以指出某一種「損」或「益」的動機是帶來了相反的結果。如「孰知其極？其無正也。」就說明了「物極必反」，便指出了事物到達某一極端時，便是向反方向轉化。這種現象從另一個角度說，是道的一種表現滿人只要有一點人爲造作的味道，一個人就被命運所定住，就再也不能是自由逍遙，被環境的限制而煩惱不已，人始終覺得受到束縛，失去了獨立性。故老子要人歸樸還眞，人要保有那整全性，從內在去生活，不要被規則所限制，要創造自己的規則，那是屬於自然，如云：「高者抑之，下者舉之；有餘者損之，不足者補之。天之道，損有餘而補不足。」（〈七十七章〉）情態太盛則趨於衰敗，物盛則衰。「循環往復」的觀念給人們很大的修養意義，人們應該避免走向事物之極端，得以持盈保泰而具「長生」之道。

知道個體本來就是與整體相合的，所以聖人就不會再以個體性來思考。正如托瓦爾特說：「我們內在的眼睛必須學習『擺動』，才能避開單向的錯覺，而達到眞正的認識。」〔註 10〕看是變成爲整體，整體到那裡，人就跟著走到哪裡；整體無所不在，人也就無所不在；而整體透個體透來生活，整體透過個體來運作，一眞一切眞，這就是老子謂：「上士聞道，勤而行之。中士聞道，若存若亡。下士聞道則大笑，不笑不足以爲道。」（〈四十一章〉）上士聞道可以一決一切，立即展開眞理的生活，上士透過整體將他帶到任何地方，將他成爲任何事物。如信徒們規律地參加禮儀的活動、上教堂、朝山禮佛，他們雖是有神論者，表面上他們很具情操，但對於上帝或神的旨意，內心卻不一定說「是」，他們心中時存時亡，他們聽了很多道理，口裡也不斷地說是，可是在生活中卻不是那麼如意，他們碰到各種生活的困境，神無法直接幫助他，於是心中充滿懷疑，後來甚至嘲笑經典的說法，到最後他們不再相信任何神。

老子謂「上士」是眞明白者，不是盡向外馳求，道讓現象不斷循環，上士只是循著道路而走。中士是分判兩邊，不知韜光養晦，到處自我宣傳，如半瓶水響噹噹，難以識見大體。上士能悟道、有爲無爲、有形無形、有相無相，盡在人心之虛靜；而下士則譏笑大道。人類言語的眞眞假假、假假眞眞的說法，沒有達到眞知，絕難清楚瞭解，更不可能有實踐的行爲。所以莊子說：「有眞知，而後有眞行。」唯有當人超越了生命和死亡，那個眞知才有可能來到。萬相都有它自己的形象，能從鏡裡返照而形現，各個得見，可是卻都只是幻相而已，鏡裏之形影乃是有爲之作，瞬間消失，雖可見而不實，故只是個假形影而已。

認爲自己已經了解自己，而驟下判斷，以什麼是「適合」、什麼是「不適合」的人，就不可能長久追隨在眞理的道路上。道家是體道者的言行，正如

〔註 10〕托瓦爾特・德特雷福仁（Thorwald・Dethlefsen）、呂迪格・達爾可（Rudiger・Dahlke）合著，易之新譯：《疾病的希望》（台北：心靈工坊，2011 年 3 月），頁 69。

賴錫三說：「一方面他們具有濃厚的冥契體驗特徵，一方面印證了冥契意識現象，一體之感與不可言說這兩大特徵的普遍性。」〔註 11〕如果每個生命都能全然地生活，那根本就不需要聖人的說教，如果人能生活的很自在，對生命是有其循環反覆的現象，則人與道同處，無處不是眞誠以待，如果能全心全意，不帶任何執著地、沒有條件、不要求回報地，在道面前說：「是」，那就是最佳的體道方式，那就是最高明的養生方法。如果能享受說「是」的承擔者，是聽取天籟之歌，也是祈禱、咒語和天地之心，就是合道的赤子。

（三）反者道之動

道體難以言述，道的運行總是回歸其自身，只有讓萬事萬物回歸其自身，那才是符合道的行爲。托瓦爾特說：「即使語言使我們很難表達這種深度、擺動、雙極的觀點，可是深具智慧的人，還是能以有效的語文方式來表達這些基本的律則。如老子則以文字簡潔洗練的詩句著稱。」〔註 12〕人以沖虛之德是心是道，其心廣大無爲，可以包羅萬有，與天地同德、日月同明，所以其道不息，命運不貧不賤，故有道德的人，其身體並不會讓病痛給干擾，生病與健康之間、正常與異常間明確的區分，對醫生而言有時是爭辯不已的，如果眞的有明確的區分，那只是出於主觀的評估。

老莊要人把目光轉移到還不認識的領域，目的要指出大家忽略的部分，心靈如何，身體也就如何；在下面的如何，在上面的就也如何。人要謹愼地對待顯露的問題，因爲否定只會把整經驗推進陰影。任何人爲的改變事情的努力，只會達到反效果，想馬上入睡的企圖反而最容易失眠。不做任何努力，就會自然睡著，不要努力，代表試圖阻止和試圖強迫，兩者目恰當的中感點，保持中心點的平衡就能使新事物發生，追求與抗拒都不能使我們達到目標。道家對詮釋現狀的過程，如果覺得此事的詮釋是有害或負面的，那就是心還受制於某種特殊的自我評價，故對於語言、事件和事件本身只是洞視，而無偏執，如云：

〔註 11〕賴錫三：《當代新道家——多音複調與視域融合》，頁 307。

〔註 12〕托瓦爾特等以老子云：「天下皆知美之爲美，斯惡已。皆知善之爲善，斯不善已。故有無相生，難易相成，長短相較，高下相傾，音聲相和，前後相隨。是以聖人處無爲之事，行不言之教；萬物作焉而不辭，生而不有。爲而不恃，功成而弗居。夫唯弗居，是以不去。」（〈第二章〉）來說明道家是屬於智者，且具有詩性的觀點。參見呂迪格等合著，易之新譯：《疾病的希望》（台北：心靈工坊，2011 年 3 月），頁 69～71。

將欲歙之，必固張之；將欲弱之，必固強之；將欲廢之，必固舉之；將欲取之，必固與之。是謂微明。（〈三十六章〉）

說明「反者道之動」的沖虛之德，其中張之、強之、舉之乃以一種「道的運作」爲說明，來化解偏廢一面向「是謂微明」。老子期望人們回歸自然的作用，全然的專注於本質之樸，不與人相爭相奪，不以強者、或功者自居，如此才能達「微明」，在細微處看到未來的走向，對於世間現象的觀照，人要讓心性成爲大，且總是影響久遠、反覆持續，讓生命見到自治自癒的功能。這是「自知者明」一樣，讓萬物回歸其自己，王邦雄說：「老莊只讓我們做一個眞人，他的觀照只是破解執著所帶來的困苦。」〔註 13〕這是屬於空靈的智慧，只有空靈才能有智慧，執著的人死守原則，智慧就不靈活，也很難以「明」。

老子「正言若反」的語言，包含了「反向而行」、「循還反復」、「反者道之動」等意涵，乃知體道者所表現沖虛之德，是不爲名言所困縛的。他們的內在總是解放的，其依照大道的法則來行事，所以生命成了一種祝福，生活中每一個片刻都是欣喜，隨時隨地都處在成長、挺立、成就的狀態，隨時都會看到萬事萬物來讓人感謝、讓人擁有。老莊是不屬於教條、規則，他們處在大道的法則當中，一切無求而且感受到喜樂、和平與知足，此乃是簡單之道；他們也沒有物質貧窮或富裕的問題，也沒有生病或健康的問題，他們總是在讚嘆、隨喜的生命當下裡，在這個當下生命變成一首歌，老莊不是不會生病，而是以生病也是一種自然，他們總是唱著生命之歌。

二、「得意忘言」的觀照

道家的語言觀爲其思想要點，有解構、有立場、有整全，乃以人的心靈爲反省，故語言的表達是的不確定、不理想的溝通工具。而且語言的世界也是一種相對性的矛盾，成爲以此勝彼的主宰。莊子以「得意忘言」的意境來表達對觀照的重點，如云：「筌者所以在魚，得魚而忘筌；蹄者所以在兔，得兔而忘蹄；言者所以在意，得意者而忘言。吾安得夫忘言之人而與之言哉。」〔註 14〕語言是只是一種說明的工具，莊子乃重在體悟眞理，眞正的體悟者，也就可以放下語言矣。如王弼所說：「言者所以明象，得象而忘言；所以存意，

〔註 13〕王邦雄：《老子十二講》（台北：遠流出版社，2014 年 9 月），頁 140。
〔註 14〕參見〈外物〉《莊子集釋》，頁 1034。

得意而忘象。」〔註 15〕其將言與象爲二，如對詩學之區分可分爲四層：意、象、言、書，雖這不是老莊的精神，但其條理化的表達詩學的技巧，可融通於形上形下之間。〔註 16〕莊子認爲語言無法正確的描述流變的動態世界，如何透過語言表達思想，如何透過語言表達道境，如何溝通超越與現象兩層，而不受語言表達的限制？莊子則說「環中」就是座標軸上的交叉點，有了這個交叉點，也就保住爲狹義的相對概念，開放到廣義的概念，這是道家對語言的圓教式觀察。本節以其卮言、重言、寓言爲論述，來呈現「得意忘言」的語言觀照。

（一）以卮言為曼衍

莊子藉用語言來表情達意的功能，又不陷入偏執的陷阱滿自我遮撥的消融語言，並於總論、分論的參差格局，造成文意的書寫，去因果順序、去單元化的效果，又特用許多創新概念、新名詞，其文中將現實中的一切成爲描寫對象，從影子、骷髏、天空、風雲到江河湖海，從飛禽走獸到森林草木，都成爲其生命書寫的對象，正如司馬遷云：「善屬書離辭，指事類情。……其學無所不窺，然其要本歸於老子之言。故其著書十餘萬言，大抵率寓言也。」〔註 17〕認爲莊子語言分析能力很強，描述事情也惟妙惟肖。莊子文中所塑造的形象無不栩栩如生超越現實，充滿詼諧怪異的趣味，對於詩性創作來講，可以說是爲藝術境界的開拓立下了一個偉大的里程碑。如莊子云：

> 以謬悠之說，荒唐之言，無端崖之辭，時恣縱而不儻，不以觭見之也。以天下爲沈濁，不可與莊語，以卮言爲曼衍，以重言爲眞，以寓言爲廣。獨與天地精神往來，而不敖倪於萬物，不譴是非，以與世俗處。其書雖瑰瑋，而連犿無傷也。其辭雖參差，而諔詭可觀。（〈天下〉）

莊子表達其思想主要透過寓言、卮言、重言三種，從《莊子》中的閱讀，概都以「卮言」爲核心，並展開其語言的關懷，以語言化的道、包涵言默兩面、圓轉日出、永不停歇。如楊儒賓說：「（莊子）理想的語言即來自此無窮的深淵，它的特色在於它永不停歇的去故出新，技藝的主體是超越主客，不以物

〔註 15〕王弼著、樓宇烈校釋：〈周易略例〉《王弼集校釋》（台北：華正書局，1983 年 9 月），頁 609。

〔註 16〕筆者按：亞里斯多德雖然也區分語言爲四：物、表象、聲音、文字，但其視域仍屬語言之工具主義，不足以言形上語言。

〔註 17〕司馬遷：《史記》（北京：中華書局，1959 年 7 月），頁 2144。

象為對象的一種創造行為，它的動能來自身體主體的深處。」〔註 18〕即人的身心狀態「凝神」之際，身心的能量束歸到極微之點，氣因而能反作用力的擴張到極點，讓人進入道的狀態，故「樞始得其環中，以應無窮」依此內涵所展開的語言皆為卮言。

莊子將道以語言化，乃屬是眞人的語言，是眞人在世界中溝通時的存在模式，莊子云：「言無言，終身言，未嘗言；終身不言，未嘗不言。」（〈寓言〉）語言的功能在於表情達意，能把情意表達最清楚的就是最好的語言。表達方式可以是多元的，卮言的運用包括「言」與「默」兩層。卮言能溝通有「可以言論」、「可以意致」、「言之所不能論，意之所不能察致」等三層次。「卮」的字義乃渾圓之言。本為圓酒器，象徵渾圓無際，不可端倪之言。源於老子云：「埏殖以為器，當其無，有器之用。」（〈十一章〉）又郭象注云：「夫卮器，滿則傾，空則仰，隨物而變，非執一守故者也。施之於言，而隨人從變，己無常主者也。」〔註 19〕故具有不變的核心，而核心落於中央——無、自然；又有超越相對，又成全相對，且能隨時與物變化，故表達情意的最佳語言是屬於卮言。卮言運用如「我知之濠上」（〈秋水〉）、「相視而笑，莫逆於心」的子祀等人（〈大宗師〉）莊子主張人應與自然融為一體，做到「與天為徒」、「入於寥天一」（〈大宗師〉）的「天人合一」境界。〔註 20〕〈山木〉說：「有人，天也；有天，亦天。」第一、三個「天」是指自然、天然的意思，第二個「天」是指自然界萬物。蓋有人類，是出於自然；有自然界萬物，也是出於自然。莊子認為天人之間是和諧一致的，莊子說「天與人一也」就在說明這個道理。又云：

> 天鬻者，天食也。既受食於天，又惡用人。有人之形，無人之情。有人之形，故群於人，無人之情，故是非不得於身。眇乎小哉，所以屬於人也。謷乎大哉，獨成其天。（〈德充符〉）

「鬻」字同育，是養育的意思，天鬻即自然的供給撫育。莊子以為人既然已經從自然得到供養，又何必使用人為呢？與人同群的一般人，在他看來是渺小的，偉大的人應該是超越群倫而與天同體，故「獨成其天」的人是「以人合天」的人。道家把萬物當成自己，人類與萬物共通的，也與自然共通，此乃「同於大通」地描寫著這宇宙自我。

〔註 18〕楊儒賓：《儒門內的莊子》（台北：中央研究院中國文哲研究所籌備處，2016 年 6），頁 66。

〔註 19〕郭慶藩編，王孝魚整理：《莊子集釋》（台北：萬卷樓圖書，2007 年 7 月），頁 1206。

〔註 20〕參考楊儒賓：《儒門內的莊子》（台北：聯經出版社，2016 年 6 月），頁 225～260。

此乃卮言的意義，是體道之言，渾圓飽圓語言，而且核心意念不曾變化，又能不斷轉化，參與一氣之化的流行，爲眾所樂受，它是超越兩邊而又能成全兩邊，能曲成具體的人間事物，完成特定時空下的特定行爲。卮言是至人表現、溝通時的模式，與至人存在的層次同高。

眞正體道者說的是卮言，他在經驗各種經歷時，能夠隨時放掉所以能圓融諸說；且在進入內在過程時，會比在經驗外在過程時更加警覺。正如鈴木大拙所說：「悟境是無法以知性去分析的東西嗎？是的，那是一種無法以任何解釋或論證傳達給他人的經驗。」〔註 21〕他必須很有覺知地不被任何現象絆留住，他認爲心是一切的觀照，追溯源頭的宗旨即通明，他可以運用各種語言、各種文字來闡述眞理，將永遠不會再受騙，眞能定慧通明、圓融無礙，眞能進入廣漠之野，故莊子說：「天地與我並生，而萬物與我唯一。」豁然貫通，無與不無，有與不有，盡在圓滿的「道」中。

（二）以重言為真

莊子以卮言最佳的溝通方式是消融於無言，以成就最圓融的表達，以吸收非語言的成份，與大道同體而生。而卮言的進一步推展是成爲寓言、重言、謬悠之說、荒唐之言、無端涯之辭等，都是屬於卮言的延伸面向。其語言經由瓦解世俗語言、世俗知覺體系、世俗價值以後，語言、人與世界才能同時開顯，始入環中。故寓言、重言乃是卮言技巧的表達情事；謬悠之說、荒唐之言、無端涯之辭都是卮言的風格。〔註 22〕

以重言爲眞，是莊子一種語文的表法，如郭象云：「重言者，考諸古聖而不悖，質諸耆碩而無疑，是則可信今傳後者，故曰以重言爲眞。」〔註 23〕。莊子的眞道恐後人難以置信，於是重覆地引用「耆宿」之重，使其道論有可信之高度。老子古之眞人，是道家的代表，以「耆宿」以發言，關尹、老聃成了道家的代言人。其言只有以「神」方可領會，莊子「重言爲眞」的精髓

〔註 21〕鈴木大拙著，林宏濤譯：《鈴木大拙禪學入門》（台北：商周文化，2016 年 2 月），頁 144。

〔註 22〕楊儒賓認爲：莊子將「卮言」與「天倪」、「天均」、「環中」相提並論，似乎是將它們當成綜合命題。這些命題之述詞都是屬於卮言，而其語義都可由「卮言」導衍而出。而寓言、重言都只是卮言的變形。謂「謬悠之說，荒唐之言，無端崖之辭」等，這些語言都當是由卮言導出，或者是描訴卮言的狀詞。參考氏著：《儒門內的莊子》（台北：中央研究院中國文哲研究所籌備處，2016 年 6），頁 245～249。

〔註 23〕郭慶藩編，王孝魚整理：《莊子集釋》（台北：萬卷樓圖書，2007 年 7 月），頁 649。

意趣，是透古人的對話表達莊子的心語，故其語言常能跨越古今，以寄寓自己的遙旨。其每引古之眞人，更常常忘情於與古之聖賢的對話，如云：

> 以本爲精，以物爲粗，以有積爲不足，澹然獨與神明居，古之道術有在於是者。關尹、老聃聞其風而悅之。建之以常無有，主之以太一，以濡弱謙下爲表，以空虛不毀萬物爲實。關尹曰：「在己無居，形物自著。其動若水，其靜若鏡，其應若響。芴乎若亡，寂乎若清，同焉者和，得焉者失。未嘗先人而常隨人。」老聃曰：「知其雄，守其雌，爲天下谿；知其白，守其辱，爲天下谷。」人皆取先，己獨取後，曰：「受天下之垢。」人皆取實，己獨取虛，無藏也故有餘，巋然而有餘。其行身也，徐而不費，無爲也而笑巧。人皆求福，己獨曲全，曰：「苟免於咎。」以深爲根，以約爲紀，曰：「堅則毀矣，銳則挫矣。」常寬容於物，不削於人，可謂至極。關尹、老聃乎。古之博大眞人哉。（〈天下〉）

莊子認爲，關尹、老聃是道的示現，蓋道乃是以其自然無爲，方能成就天地萬物之自生自化、和諧發展。人應當法道而行，則理當法道之自然無爲，亦即是不要以人爲干預自然之發展，破壞萬有成長之生機，這才是理解老子的大道，其以天地之所以可長可久，是因爲依賴「道」來實現，「道」是以尊重天地萬物的存在資格與存在價値來保住天地萬物，大公無私地給出無限寬廣的成長空間，讓天地萬物在不受任何的威脅操控下，自由地活出自己的一片天空。

透過博大眞人的描素，乃是「重言爲眞」，蓋眞人能將道的至極，不以創生、創發或創造爲要，卻又無礙於大生、廣生及護生落實於人世間，故眞人能「常寬容於物，不削於人」，這是「道」的全體大用，乃是屬於「不生之生」者〔註24〕，亦是博大的眞人展現。

〔註24〕依河上公的註解，對如何安養個體形軀的解釋最爲具體，在認知人必然會死亡的事實後，其曰：「目不妄視，耳不妄聽，口不妄言，則無怨惡於天下，故長壽。」故雖然自然死亡是無法控制的，但至少能透過目、耳、口等具體的行爲修養，以避免災禍所招致的非自然死亡，使壽命得以安然長久，但是，河上公卻沒有進一步解釋要如何面對生命中必然的死亡。又從其曰：「人能養神，則不死也。神，爲五臟之神也。肝藏魂，肺藏魄，心藏神，腎藏精，脾藏志，五臟盡傷，則五神去矣。」與「治身，則壽命延長；無有既盡之時也。」來看，五臟與五神的消亡既然密不可分，那麼形軀壽命必然與五神共存，故所謂的「壽」，明顯解釋爲形軀生命的永恆長存。因此，若從使生命免於禍患

（三）以寓言為廣

道家對於人間的症狀和病因，常是以無知爲知，以寓言之說來說。以老莊的觀察來解讀現代社會現象，依其智慧來消解人類當前的問題，可觀察其寓言底下所要寓述的淑世情懷。而莊子云：「以天下爲沈濁，不可與莊與。」（〈天下〉），其以語言境界、意象模式和審美特質，無不與莊子的語言類型有深刻的連結，在境界表達上，行諸於詩文，更能得包舉天地、超神入化，境界之高妙，以「以寓言爲廣」爲例說明之。

崔適辨寓言不是實錄說：「寓言之類有三：曰托名，曰託言，曰托事。托名者，古實無此人，設爲此人之名與其言行，以發其所欲抒之意見，如許由、務光之屬是也。託言者，以所言之意爲主，托爲古人之問答以發明之，非謂眞此古人之言也。如《列子·楊朱》晏平促問養生於管夷吾，《莊子·盜跖》孔子與柳下季爲友……托事者，以時事爲主，設爲古人之事以譬喻之，不必古人眞有此事也。」〔註 25〕故對待的寓言的看法，其在其眞實性的考察，而在其寄寓的目的。寓言可以有簡單或複雜的想象，人生歷程裡是指向經驗中發生過的對象，而寓言則既能對經驗材料作重新編排，自可幻化爲不存在的人與事，它服從於寓言的目的，廣義的寓言是回憶及構思形象的思想活動，這也是屬於道家的本色。

寓言可以包括兩個層次：其一，對某些曾經在經驗中存在過的要素作新的編排或綜合，如人物、事件或特定時代，這是對不在場者的想像；其二，想像一種根本不存在，甚至根本不可能存在的事物，如道家的大鵬、鳳凰乃至神人的傳說。莊子相信理想的意象，可以讓人領悟寓言和隱喻之兩層內涵，對其內容的敘事，在每一個言說情境都呈現著普遍而具體的內容。一如沙特說：「幻化不諱言自己的假，更不必去冒充眞，但他能化除現實的執持，製造各種虛擬實境的意象，以各種離奇古怪的想法，來表達對理想的尋求，說這種意義效果是眞實的。」〔註 26〕莊子有「思慮不自得，中道不成章。」（〈在宥〉）、「無思無慮始知道」（〈知北遊〉）、「知士無思慮之變則不樂」（〈徐无鬼〉）

早夭的角度來看，河上公頗能與《老子》的想法相似，也可以說是安置形軀有更爲具體的說明，但就超脫生死桎梏的目的來說，卻反而會落入形軀保存的執著。參考 http://www.chineseclassic.com/content/198 數位經典網。

〔註 25〕崔適：《史記探源》（北京：中華書局，2004 年 1 月），頁 14～15。

〔註 26〕保羅·沙特著，褚朔維譯：《想像心理學》（北京：光明日報出版社，1988 年 5 月），頁 267。

等，可知思想的想像是寓言的來源，這也可以說是傳統的創意。〔註 27〕莊子的「得意忘言」，乃以「道」是理境的追求，不得不經由寓言來讓人更清楚理解。故體道者能常入「與造物者同其遊」（〈逍遙遊〉）的境界形態。《莊子》不只是理論著作，其對世間的看法常是以通過寓言、遊戲等來展示的。這是屬於詩的性格，蓋「道」的理論，必須先尋找一些觀念的前提，表明這些前提被接受或推薦給大家的理由，它是判斷或建設美好生活的原則，還要對社會的構成，運轉的條件進行分析，以評價現有的狀況或提出建設的目標。最後還得對個人的觀念與行爲規範提出同理想制度保持一致的要求，而道家正是把概念寓言化，同時注重整體的一致性。

正如老子云：「知不知上；不知知病。」（〈七十一章〉）這「不知知」是將不可執的心知強當做標準，並一味地去捍衛它、鞏固它，且不惜爲此而與世人相對立。以非說的方式來說，正是一種療癒的解藥是「知不知」。「知不知」乃是充分體會人當不可陷溺於心知定執之中。然而直接指陳世間人的病痛，總是讓普羅大眾有一種高高在上的感覺，而且讓人不屑地以爲「唱高調」的忽視，所以老子以聖人會用很多種方法，來解決世人的問題，或以寓言的方式來隱喻某個道理或哲理，寄託在一個虛構的短小故事中，讓世人自己去體會、領悟，從中獲得教訓，有時候途述一件件虛撰的事件或現世的現象，並藉以暗示或譬喻一個訓示，故「寓言」的內容大多是「言在此而勸在彼」，具有啓示、教訓、諷諫的作用。如老子云：

> 蓋聞善攝生者，陸行不遇兕虎，入軍不被甲兵；兕無所投其角，虎無所措其爪，兵無所容其刃。夫何故？以其無死地。（〈五十章〉）

老子以人生活世間，必然會遇到各種凶險、生命的芒昧、世路之風霜，儘管如此，人還是有一超越性的力量，以證道成德化生命與生活、生死合爲而一，達即有限而無限的境界。老子要人進入「無死地」即是化除生命困境，達到開放心靈的證成，而唯一能夠實現此境界的，就是去私、去偏的工夫。人生的障難、病痛，一如兕虎、甲兵等並不一定傷人，只因人常常會在自己的心

〔註 27〕中國傳統三教精神也都具有想像的基本工夫，如儒家《中庸》云：「有弗思，思之弗得弗措也。」（〈二十章〉）孟子則曰：「心之官則思，思則得之，不思則不得也」（〈告子上〉），佛教中《楞嚴經》云：「純想即飛，純情即墜。……純想即飛，必生天上。若飛心中，兼福兼慧，及與淨願，自然心開，見十方佛，一切淨土，隨願往生。」（《楞嚴經》．卷八），更有《觀無量壽佛經》強調以「觀想」和「觀像」來攝受依報，成就淨土功德。

靈中圍著籬笆，在自己的觀念上建堡壘，最後反而是困住了自己，限制了自己，讓自己沒有辦法主動走出來，因爲自己讓傷了自己。王邦雄說：「善攝生者，唯在無心自然而已。無心無知，無爲無欲，一者可以『不遇』，二者可以『無所』，既不會碰上凶險，更立於不敗之地，籠罩心頭的死陰就永遠消散了。」〔註28〕林安梧則提供藥方云：「生命的特質就是他自己有他的生、他的命，因此不能太奢求，也不能太用心，要渾默些，放得下，往往好過活。生命，有生有命，生是創造，命是限制，正視命才有得生。藏其殺機，不如消化殺氣，化得了殺氣，就可以無死地，就可以保生。處所情境就是天地，有天有地，便是道理，便是生命之所寄。」〔註29〕唯有確實能夠化掉自我之執著、放鬆自我之把持，就是沒有殺氣的人，沒有殺氣就不會遇到殺機，如此是眞正的養生。人也因此眞正能夠開拓自己的人格，也才是眞正能夠擁抱天下的偉大人格。人是萬物之一而不爲萬物之首，人既是有機的存在，那麼人就只是萬物而不是獨特唯一，根據這個觀點放下一切的對立與執著，老子期人們要能眞切地實踐「無死地」，化除自我的本位主義與一切自然萬物和諧共處。

老子抱持著以質樸不假裝飾、以天眞的本性去生活，摒棄慾望與執著，不生煩惱不汲汲追求各種成敗。王邦雄說：「一個人生命如果夠深厚，別人都不能打擊我們。只要我們很眞實，我們不會受到損傷害的，不管怎麼樣，我都眞實。」〔註30〕老子思想不只是形而上的「道」，也是人間世的「德」。老子不斷的提到要我們捨棄人爲的造作，隨順自然的運行，這並非老子的道是消極無所做爲的，而是在能有所爲的範圍內發揮本身的能力順勢去做，故聖人效法天道，因其不爭，實則天下莫能與之爭，所以可以照見本性，了了常明。是以凡體的證道者皆因生命意義的眞實發現而能擁有永恆、普遍的人格價值。

道家之教，乃回歸自然是生命眞善美的呈現。天地萬物及其彼此之間的互依關係，任何一物皆爲此共生性總體中之不可或缺的一部分，且此一共生性總體亦即「道」的本然，人們對於「道」的體貼與證成，其實也就是在於努力維持這個共生性總體的完整。莊子對於寓言題材更是廣用，如「渾沌」寓言改編自《山海經》，而〈逍遙遊〉、〈齊物論〉中的鯤鵬、姑射神人、列子

〔註28〕王邦雄：《老子道德經的現代解讀》（台北：遠流出版社，2010年2月），頁228。

〔註29〕林安梧：《新道家與治療學——老子的智慧》（台北：臺灣商務印書館，2010年6月），頁153。

〔註30〕王邦雄：《老子十二講》（台北：遠流出版社，2014年9月），頁109。

御風、天籟、地籟、夢等，乃是自我遮撥的語言，即爲「弔詭」之辭，如云：

> 方其夢也，不知其夢也。夢之中又占其夢焉，覺而後知其夢也。且有大覺而後知此其大夢也，而愚者自以爲覺，竊竊然知之。君乎！牧乎！固哉！丘也與女，皆夢也；予謂女夢，亦夢也。是其言也，其名爲弔詭。(〈齊物論〉)

時代造就特殊的人物，他們總有特殊的一些方式來適合當時的社會，道家就是這一類人之中的佼佼者，他們不但是思想家也同樣兼任醫療者，道家之體道者，知道只有醒來的人能夠覺知人們是醒還是夢？如果是在夢中的人，體道者不得不用「弔詭」的言語使他們清醒。醒悟，是直指大道的根源，那必須是一念頓歇、覺了自心，故一個醒悟的人通常也被認爲是一個人生命裡的轉捩點。

在昏亂動盪的時代，世種異說紛紛襲捲整個社會，劉笑敢在《兩種自由的追求》中提到：「莊子與沙特和其他許多思想家、哲學家的一個重要不同之處就在於他們善於給自己的思想安上文學的翅膀，使他們在動盪中的沉思更容易激起生活的浪花，使他們對現實的感受更容易引起社會的迴響或共鳴。」〔註 31〕由於我們日常的語言總是無法表達道所要給我們的確切意義，所以道家乃得其意乃爲語言，以一種否定的否定，或是一種「非分別說」的語言來說，正是爲了舉示那本來就在我們生活周遭的存在。

三、「寄言出意」〔註 32〕的觀照

老莊思想的語言的價值與貢獻，從「詭辭」來閱讀老子觀念中「正反」與「有無」的語言定義，可會通般若的蕩相遣執、融通淘汰的功夫和作用相融；莊子的語言則更非邏輯性結構、更接近屬詩的文字、內容體現語言與文字相互指涉，文與意相互照明，道家的思想乃反思而進，始終綰合，首尾相續爲一。道家之「寄言出意」〔註 33〕乃以郭象的詮解來說明莊子（或道家）

〔註 31〕劉笑敢：《兩種自由的追求——莊子與沙特》（台北：正中書局，1998 年 12 月），頁 16。

〔註 32〕「寄言出意」一詞出於郭象注解《莊子、‧山木》的注文。「寄言」是指把某種思想感情寄托在語文之中。「出意」是指被表示的出來的意義。郭象注解《莊子》以「寄言出意」的方法，當代魏晉思想研究者都頗認同。參考湯用彤：《言意之辨》，收入湯一介、胡仲平編：《魏晉玄學研究》（湖北:教育出版社，2008 年），頁 88～106 頁。

〔註 33〕郭象「寄言出意」，最能表現其意旨者，首先表現在其對「逍遙」的詮釋云：「夫小大雖殊，而放於自得之場，則物任其性，事稱其能，各當其分，逍遙

的謬悠之說、荒唐之言、無端崖之辭等之論述，使得莊子的語言所開啓的心境，能開出絕對包容，去欣賞成全天地萬物，並回歸物我的自由與自在。

道家的「無」就發生的歷程來看，老子所期待的有意義的人生，以及生命的終極境界，其心目中的聖人，特別是寄言於統治者。老子認爲統治者治國之務是懂得先行解消自己的有執、有欲、有爲、有作；想要成爲天下人所期待的理想的統治者，只不過是放下虛矯的身段，時時尊重百姓、重視百姓，一切以百姓的需要爲需要，以百姓的目的爲目的；通過君王的自覺而願意將所有的可能和機會都全部釋放出來的話，不但將使百姓的生活變得欣欣向榮、多采多姿，統治者自己也同時可以獲得安穩與自在。統治者只要不妄加干預地提供一個自由開闊的環境，百姓們自然就能夠自適自足並維持著互生、共生的秩序，因此國家也就可以獲得長治久安。

（一）謬悠之說

謬悠之說，以一種與世人認知相違的概念來表達其說，正是道家「寄言出意」的而法，若不明其旨，則多被指爲謬悠。郭象云：「謬，虛也。悠，遠也。莊子應世挺生，冥契玄道，故能上遠深弘之談」、「謬悠謂若忘於情實也」〔註 34〕謬悠之說，乃虛遠不實、虛實不定、詼詭滑稽等，由於人對於語言文字有其限制，表物象能力也不能認清根本，於是莊子必須以謬以悠，方能表達他對道的說明。如老子的「小國寡民」之說，似乎是倒退的說法，但也出自於對人民的關懷，如云：

> 小國寡民。使有什伯之器而不用，使民重死而不遠徙。雖有舟輿，無所乘之，雖有甲兵，無所陳之。使人復結繩而用之，甘其食，美其服，安其居，樂其俗。鄰國相望，雞犬之聲相聞，民至老死，不相往來。(〈八十章〉)

老子並非嚮往一種小型社區的半封閉生活，小與寡所指涉的不是數量，而是一種價觀念。王邦雄說：「素樸的國度與天眞的人民，也就『復歸於樸』的國度與『復歸於嬰兒』的人民。」〔註 35〕其弦外之音當在於素樸開放的精神回

一也，豈容勝負於其間哉。」郭慶藩釋：「首篇逍遙遊者，莊子用無端崖之詞以自謂也。」這種大小皆能逍遙的意旨，雖不是莊子原意，卻發揮了某種道家的意境。參見《莊子集釋》(台北：萬卷樓圖書，2007 年 7 月) 頁 1～2。

〔註 34〕郭象注，郭慶藩編，王孝魚整理：《莊子集釋》(台北：萬卷樓圖書，2007 年 7 月)，頁 1205。

〔註 35〕王邦雄：《老子道德經的現代解讀》(台北：遠流出版社，2010 年 2 月)，頁 361。

歸，以及天眞本德的意義證成。老子以人性爲素樸、盼世間能和諧的理念，會嚮往著清貧簡約的生活，所以老子的這些話，不是在描述一個拒絕文明的烏托邦，或是在嚮往一個排斥進化的桃花源，老子其實是在對一個病症嚴重的社會和人心下猛藥。如林安梧說：「爾分我界的觀念是人類文明的象徵，這是文明，同時也是『文蔽』。」〔註36〕猛藥就難免辛辣，現在則由於人類的過度開發和任意濫用，已然出現失衡和反常的不利現象，許許多多戮力於環保之大業的仁人志士正不斷地呼籲著我們，應該知福惜福，盡量降低各種需求，以避免無謂的揮霍與浪費，此就是老子的心聲。

人類的活動受到細微且息息相關的行動所牽連，彼影響著，這種影響力往往要經年累月才完全展現出來。身爲群體中的一小部份，置身其中而想要看清楚整體變化，更是加倍的困難。人們習於將焦點放在一個片段中，解決了一個部份又發現了另一個部份，東修西補永遠無法有個問題存在那裡，爲了應付這些問題，人們疲於奔命在生活之中，但是不知道問題的來源是出於一個內在因素。常久以來，人們活在時空的向度裡面，每一個人都活在常人的模式之下，小孩子的學習方式也被大人所制約，被整個社會給定型，時間是由過去、現在與未來的區段在進行，人是活在這個進行式中。但那是一般人的樣子，並不是生命的狀態，所謂的「自然」，自然的生命是超越的，是不活在由時空組成的過去、未來之中，其心靈是當下的呈顯，在此時此刻擺脫時間的桎梏，由於任何一點都是其生命的當下，所以他沒有空間的束縛，全然的處於此時此地，是跳出人生的限性，故道家要說的是無限的道，老子直就周文解體而謂天下無道，故轉而爲復歸於樸的天下有，這正是以「小國寡民」的模式來呈現道法自然的境界。

道家以生命的眞正意義在於如何懂得超越欲望，讓自己從人爲造作的執著中完全地解脫與釋放，最後發現自己生命的清明自在及其樸素之美好。從可行的道之運作中，來掌握自然之「道」的實存，但是如何讓生民了解，人間生命漂泊之際，有什麼可以安身立命的呢？再看莊子的謬悠之說云：

> 任公子爲大鉤巨緇，以五十犗以爲餌，蹲乎會稽，投竿東海，旦旦而釣，期年不得魚。已而大魚食之，牽亘鉤陷沒而下，騖揚而奮鬐，白波若山，海水震蕩，聲侔鬼神，憚赫千里。（〈外物〉）

〔註36〕林安梧：《新道家與治療學——老子的智慧》（台北：臺灣商務印書館，2010年6月），頁244。

此文呈一體的整全關懷，然對天下蒼生而言，只有承其大的大魚才能照顧到每一個的生命，任公子要提供的也就其大，才能照顧到全體。一般世間的小道，卻只能充養自己，而無法包涵他者。生命乃是「假於異物，託於同體。」（〈大宗師〉）生命寄身在萬物眾形之中，而主體眞君乃與天道同體而共行，這形軀的我，是不得已的命際，但生命的出來乃在開出心靈的廣闊。任公子的行爲要說明大治待大材，大材能大治，但就要像他一般無心自在、遊心自得與大海之中，治世的意義就像開出一段心的遼闊，也只有這樣的心境才滋養出萬民之命。如果人一直視而不見、聽而不聞、嗅而不覺那「自然」之味，雖然人的心在跳動，就生理而言，雖是活著，但是就存在而言，你並沒有活著，你的生活只停留在表面上，你所有的了解都好像是誤解，因爲你從來沒有碰觸到核心。蓋形體的我，在氣命的流行之中，是不得不然的小我；但能順任之而生養之，從而能超越之，是沖虛之德與天道同體的大我。

莊子以謬悠言語，乃藉著巨緇、大魚、白波、海水、鬼神……等各種寄寓之語言，指引著人們放下成見，找到答案的根源。只是這樣的答案，通常都只有與天道同行的人才能找到，莊子「若忘於情實」，他是見道而當下應道。道人不和人爭財、爭名利、爭功勞，有或沒有都不會改變他的心向，無聲無嗅、無人無我，心境如如不動，其環境一點吵雜都沒有，是一個廣漠的所在，與道同行者沒有一切的煩惱，得到眞正的自由。

（二）荒唐之言

一種廣大無邊，又似不著邊際的說法，表現出道家的關懷是無不體現，宣穎以「放曠」解，王先謙：「荒，大也。唐，空也。」王邦雄說：「放大空曠之意，此言超離人間禮制之外」〔註 37〕荒唐之言，廣大無邊；以雄偉無邊適足以表達天機的完整性，莊子的荒唐之言，發揮最詳盡的道示。如云：

> 齊諧者，志怪者也。諧之言曰：「鵬之徙於南冥也，水擊三千里，搏扶搖而上者九萬里，去以六月息者也。」野馬也，塵埃也，生物之以息相吹也。天之蒼蒼，其正色邪？其遠而無所至極邪？其視下也亦若是，則已矣。（〈逍遙遊〉）

野馬如塵埃的飛揚，只是生物間相互吹動的氣息，瀰漫在天地之中，讓人覺

〔註 37〕以上參考王邦雄：《莊子內七篇．外秋水、雜天下的現代解讀》（台北：遠流出版社，2015 年 4 月），頁 519。

得蒼蒼者天的樣子而已，但那不是天的本色。〔註 38〕故至大之境，在人們生活經驗中還未能眞切的體驗，莊子意在以大而入化，消除了大小之見，讓人能進入無有待、無死生之境。進入現象的事實看來，以主觀境界來齊一萬物，便是因爲莊子的語言的荒唐，讓人進入成功萬物，與自然合一。

道家的道就像一個遼闊運動場的跑道，那是個大圓圈，它是宇宙的樣子，也是生命的樣子，當人們知道死亡就是休息，那是回到原點，是回歸到母體，回到宇宙的意識，回到原來的根源，所以生的後面，不一定就是死，它能是無生；死接下來也不一定就是生，它可能是無死。不要去抗拒它，也不要有衝突，只要去接受，讓我們順著跑道來移動，接受它變成我的生命，透過接受就會有滿足的喜悅。生和死是在同一點原點，而那個核心一直是如如不動的。如大自然中一朵花，它奮力地爬出泥土，活躍在太陽光之下，然後努力地綻放鮮艷的象徵，散發出芳香給整個存在。它述說著天地之間的奧秘，以及大自然的禪機。花開了一陣子後，完成任務了，將訊息傳播出去，它就靜靜地回歸塵土而消失，沒有流下一滴眼淚，也沒有作任何努力。莊子說：「安時而處順，哀樂不能入。」（〈養生主〉）生命無一點執著都沒有，連片刻都不會想要去執著，如形軀的老死如瓜熟蒂落乃爲自然，當花被吹落在地面上，回到了它的源頭，解開了生命倒懸之苦，這是體悟天地之間的奧秘，以及大自然之幾。又莊子云：

> 天根遊於殷陽，至蓼水之上，適遭無名人而問焉，曰：「請問爲天下。」無名人曰：「去！汝鄙人也，何問之不豫也。予方將與造物者爲人，厭則又乘夫莽眇之鳥，以出六極之外，而遊無何有之鄉，以處壙埌之野。汝又何帠以治天下感予之心爲？」又復問。無名人曰：「汝遊心於淡，合氣於漠，順物自然，而無容私焉，而天下治矣。（〈應帝王〉）

順物於自然，自然萬物所述說的就是道，一花一葉、一鳴一叫都是那麼樣自然而率眞。生命出現在天地之間是道，而回歸自然也是道；道就是萬物的實相，道就是生命的眞義。生命需要活動，而生命也需要不活動，生命是自然發生的。所有道的活動都不是努力得來的。凡是努力得來的，那是經驗、是知見，並不是道。道必須完全是自然發生的，人必須在全然自在的情況，才

〔註 38〕參考王邦雄：《莊子內七篇．外秋水、雜天下的現代解讀》（台北：遠流出版社，2015 年 4 月），頁 26。

能進入道。有時候完全忘掉自己，完全融入，融入到自己不復存在。而當你回來的時候，人就完全在那裡。忘卻、記得；活著，死掉；醒著，睡覺……，一切很美、很眞的事，都是自然發生的，所以可以怡然自得。

莊子教人進入這種自然的、不合邏輯的，好像荒唐的狀態，如此人就能夠接受死亡；死亡不再是無路可逃的恐懼，它就是你的生活。整天都辛勤地工作，到了晚上要回家，然後上床睡覺，莊子會把死亡看成是一種休息，把它看成最終的放鬆。生命就像白天，死亡就如同夜晚，既然是如此，它一直在進行，一種眞實的生活一直都正在到達當中，但是從來沒有到達，似乎是一直都在逼進目標，但是從來沒有到達目標，那是不死之死，是一種荒唐之言之美，故「道」不知道死亡，祂是不朽的。一個體現整體的人，本身具有一種不完美的樣子，看起來是荒唐的，他的言語是弔詭的，卻能讓人有一種超越力，因而與自然一體。

（三）無端崖之辭

無端涯之辭，乃是無涯無緒之談；連犿宛轉，與物相從不違。這無端崖之辭有語言長處，無其短處，且適合體道之士使用的語言。莊子以無端崖之辭爲樂，以此同彼，以物觀物，故可以得「天鈞」，只有無端的造境，把抽象思維化除，重新擁抱人「心」的具體世界。如云：「藐姑射之山，有神人居焉，肌膚若冰雪，綽約若處子。」（〈逍遙遊〉）郭象注云：「今言王德之人而寄之此山，將明世所無由識，故乃託之於絕垠之外，而推之於視聽之表耳。處子者，不以外傷內」〔註 39〕莊子對於主體描述，以聖人如神人般的宏觀壯闊，突顯人的無待浪漫，不必刻意用出離的方法，只要把人的概念化除，人們胸襟可以完全開放，與萬物自由穿行與馳騁，其文表現出眞實生命的活靈活現。莊子以「戲儒」回歸到「原道」，其「道家式的英雄人物都是從儒家那種立德、立功、立言式的文化英雄中翻躍出來的」〔註 40〕，然而莊子並不是否定儒家所揭立的價值，而是要讓它們呈現的更好的文化面貌，所以用這種無端崖之辭，讓文化更有多元視域。

莊子以其無端涯之辭，有其獨有的表達技巧，透過批判性的技巧，讓語言重新被運用，正如鈴木大拙所說：「掙脫名相和邏輯的暴力，同時也就是靈

〔註 39〕郭象注：《莊子集釋》（台北：萬卷樓圖書，2007 年 7 月），頁 32。

〔註 40〕賴錫三：《莊子靈光的當代詮釋》（台北：清華大學出版中心，2012 年 3 月），頁 213。

性的解放；因爲靈魂不再對自己起分別心。知性得到自由以後，靈魂就完全擁有自己。」〔註41〕活出自我，就是擁抱整體，亦即是進入「道」，此時天地間的事物皆可被賦予靈動的形象和鮮活的生命力，作爲表達開創思想的工具。故牟宗三認爲道家：「道之實現性只是境界形態之實現性，其爲實現原理亦只是境界形態之實現原理。」〔註42〕將道的意義繫屬於主體實踐修養所證的境界，雖是奇幻的故事、荒誕的情節，作者總能讓細節的描寫成爲眞實，對語言用上，莊子顯現出其非凡的表達能力，以豐富變化的詞彙刻畫細緻而生動的情境。又云：

> 孔子曰：「彼，遊方之外者也，而丘，遊方之內者也。」子貢曰：「然則夫子何方之依？」孔子曰：「丘，天之戮民也。雖然，吾與汝共之。」子貢曰：「敢問其方？」孔子曰：「魚相造乎水，人相造乎道。相造乎水者，穿池而養給；相造乎道者，無事而生定。故曰：魚相忘乎江湖，人相忘乎道術。（〈大宗師〉）

方內乃世俗人間的價値；方外指超越世俗的自由心靈，其與造物者爲友、物我一體，得遊於無窮，達死生爲一。以道觀之，方內方外無別，眞人於方內有道通方外，然要得方外之道，得在方內實踐，故「魚相忘乎江湖，人相忘乎道術。」郭象註云：「理有至極，外內相冥，未有極遊外之致而不冥於內者也，未有能冥於內而不遊於外者也。」〔註43〕王邦雄說：「方內與方外特殊，『遊』才是關鍵。而且遊於方外者易，遊於方內者難。」〔註44〕孔子邀子貢說，儘管在方內是頗勞累的，但儒者要甘受天刑，不可而爲之。故牟先生云：「眞正而具體之遺物必入群，眞而具體之坐忘必應物。此『雖欲釋之，而理固自來』，斯乃天人之所不赦者也。」〔註45〕儒者是承體起用，開物成務，是人世間充實飽滿的教化，而莊子則認爲聖人乃受「天刑」者，是則一切聖人皆是「天之戮民」，乃是直接承受這天刑而不捨離，這是聖者的風範，佛家說爲菩薩行。道家則以「無端崖」的方式來稱說，其以智慧通透，而又不能直

〔註41〕鈴木大拙著，林宏濤譯：《鈴木大拙禪學入門》（台北：商周文化，2016年2月），頁93。

〔註42〕牟宗三：《才性與玄理》（台北：臺灣學生書局，2002年8月），頁162。

〔註43〕郭慶藩編、王孝魚整理：《莊子集釋》（台北，萬卷樓圖書公司，2007年7月），頁295。

〔註44〕王邦雄：《莊子內七篇．外秋水、雜天下的現代解讀》（台北：遠流出版社，2015年4月），頁336。

〔註45〕牟宗三《才性與玄理》（台北，臺灣學生書局，2002年8月），頁220。

承仁體以言應物，所以用桎梏、天刑、天戮等詭辭，來表示方內的蒼涼之感，這是對「消極意義」之通透語辭。

葉維廉論述道家語言有清晰而宏觀的說明：「道家思想是觸及根源性的一種前瞻精神，最能發揮英文字 radical 的雙重意義：其一是激發根源問題的思索，從而打開物物無礙的境界，其二是提供激進前衛的顛覆性的語言策略。……包括矛盾語法、模稜多義的詞字以及「以惑作解」。發展到玄學時期，又進而以行動來調侃現行的囚制生活。……禪宗異言異行不僅直追老莊言語故事和玄學名士的瀟脫，而且往往有過之而無不及。」〔註 46〕就道家的語言來說，其不讓人以耳目、意識來見萬物，因此不免執於我限，滯於物境，無法通達方外。詭辭之用乃當觸境忘境，忘去外物，同時也相對忘了自己；但此「忘」只是運用上的過渡境界，也不能執持，因一時住於忘，便又會有所失。眞正能忘以後，便須立刻能化，是爲「相忘」。郭象註云：「相造乎道者，無事而生定。」〔註 47〕其處定於天地之間，直探人的最深層問題核心，以入道爲宗旨，此乃眞知的實踐者所道出。其一生經歷亂世，處處可見其體認生命之理，現身說法，建立了一套亂世中的「生命實踐學」。道家哲學從人生的困境出發，再從眞人「天之戮民」，知眞人之終歸於世間，從人出發，又回到人身上的思想進路，亦是老莊以生命爲自然的人本觀照。

四、道家語言對療癒力的開發

人的語言像徵著與生俱來的潛能，也是人類所有反應中最爲重要的一種。一旦將其納入生活中的交流、興趣、情感模式的應用中，反應潛能的意象就越明顯。每一個人有著存在的獨特性，而且別具一格的生活格調，理想的目標構築著自己的世界與期望，這個目標需要表達出來，透過表達，人可以在生活中得到某一種反應或是激勵。語言的療癒可以朗誦、閱讀或創作來開展。

運用老子「正言若反」之道，有客觀性、實體性及實踐性，他以不得已用「正言若反」的方式來說。而莊子則對此三性一起消化而泯之，純成爲主觀之境界。到了魏晉王弼以「聖人體無」、「聖人有情」將孔子納入其詭辭，郭象更以「天刑」的孔子，是聖人的最高境界之玄理說法，牟子謂是一境界型態之形上學，其對客觀宇宙施一積極分解而發現之「實有型態」，也是一消

〔註 46〕葉維廉：〈道家顛覆語言的策略與中國美學〉，《第六屆文學與美學國際學術研討會集刊》，淡江大學中文系所主辦（1997 年），頁 87～114。

〔註 47〕郭象注：《莊子集釋》（台北，萬卷樓圖書公司，2007 年 7 月），頁 295。

極表示的「遮詮」，不過根據「無爲而無不爲」以觀天地萬物，拉開以尋其本以顯道之客觀性等；然而道家從主觀境界上成一大詭辭以顯「當體具足」，消掉了其客觀性、實體性、實現性，而爲「靜觀則無」，此並不衝突。道家於莊子展示了一指一馬皆爲道說，氣化交融爲一而成一大詭辭，此進一步的境界，更有王弼郭象加強於後，以突顯道家在「道」、「語言」與「萬物」所展開的詩性與療癒。

（一）以「正言若反」來化解對立的觀照療癒

老子提供人們在世間的反思，它也透過了名言來說明現象的不實，如云：「正復爲奇，善復爲妖，人之迷其日固久。」（〈五十八章〉）天下人人在規定下承受著壓力，只好委屈自己，去逢合世俗，或僞裝巧飾，於是眞的變成假的，正的變成奇邪的，善的也成爲妖惡的，存在的「有」被強調，以致於世俗大眾就此忽略了存有的「無」，眞理乃眞正存在兩面之間。王邦雄說：「聖人有『孰知其極，其無正』的覺悟，乃可以破除『人之迷其日固行』終局。無正亦無奇，無善亦無妖，而可以『百姓皆謂我自然』了。」〔註 48〕生活的視域被知見明確原界定，人們只能依循著它，不得抵觸這樣的法則，這被以爲是針對儒家所展開的說明，道德倫理似乎就是如此，庸言庸行的人可能會做到博愛濟眾，而爲眾人所讚譽，也可能讓未來得到回報。老子認爲人不再污染心靈了，言行在客觀上對社會雖是好的，卻讓人忘掉無才是有的基礎，故他進而打破名言的知見，向事物的眞實狀態，眞正偉大的存在邁進。生活是屬於心靈的，名言的「對立」並非究竟，而單純的知見是無法得到某些超越性習語言，當世間是正常運作時，對立的知性的窠臼是有其必要性，但一旦面臨終極的生命問題，知見就會捉襟見肘。

凡是世上所有一切存在現象，如有形相之各種應化，雖各類名詞而有差別，但是眞理皆不在此，何況鏡中之形，水中之月更不是實相了。「上士勤而行之」因上士在萬象世間，如能虛靜寂照，即心靈如如不動，生亦是無生之生，讓兩邊自適，不分別是非，這就是上士的眞相，老子以大道超越了人的二元語言結想的意義，表達出最完整的語言。王邦雄釋云：「在它一往前行且無遠弗屆，此即道之道。道不管在多遠的地方，它總是回歸它自己。」〔註 49〕了解老子對大道語言觀體現，是體道者對於道是表現的「不言」（〈五十六章〉）

〔註 48〕王邦雄：《道家思想經典文論：當代新道家的生命進路》，頁 79。
〔註 49〕王邦雄：《老子道德經的現代解讀》（台北：遠流出版社，2010 年 2 月），頁 186。

「言無言，終身言，未嘗言」（〈寓言〉）的樣子，正如蘇格拉底常說，我唯一知道的眞理，是我什麼都不知道。但是這愛智的哲人，在與人辯論時卻什麼都知道，即使對方一絲絲錯誤他都可以清楚的指出來。

一個以無爲之心，行有爲之事的人，通常很難讓常人理解他的作爲。正如一個上士，外表似乎一無是處，好像是一個沒有用的人，可是怎麼知道，他的無用正是一種大用呢？一個偉大的智者，他的行事作風難以讓人掌握，所以他常獨行而有獨見，甚至口中唸唸有詞，似瘋而非瘋，那正是他自性的流行、對道的表達。他傾聽天地的聲音、洞察大自然的示現，不時要與宇宙進行著無言的溝通。表面上看，他似乎是很寂靜肅穆，但是聖人寂寞的原因，並不是他高高在上，無法親近平凡，或者是讓人覺得他高不可攀，實實在在是因爲聖人寂寞的背後，隱藏著一股旋乾轉坤的動機；他接下來的動作，可能就是掀天揭地的大事功。莊子寓言說：

> 惠子相梁，莊子往見之。或謂惠子曰：「莊子來，欲代子相。」於是惠子恐，搜於國中三日三夜。莊子往見之，曰：「南方有鳥，其名爲鵷鶵，子知之乎？夫鵷鶵發於南海而飛於北海，非梧桐不止，非練實不食，非醴泉不飲。於是鴟得腐鼠，鵷鶵過之，仰而視之曰：『嚇！』今子欲以子之梁國而嚇我邪？」（〈秋水〉）
>
> 莊子送葬，過惠子之墓，顧謂從者曰：「郢人堊慢其鼻端若蠅翼，使匠石斲之。匠石運斤成風，聽而斲之，盡堊而鼻不傷，郢人立不失容。宋元君聞之，召匠石曰：『嘗試爲寡人爲之。』匠石曰：『臣則嘗能斲之。雖然，臣之質死久矣。』自夫子之死也，吾無以爲質矣，吾無與言之矣。」（〈徐旡鬼〉）

這兩則寓言中表達莊子視惠子爲眞正的朋友。他一直要告訴惠子，表面的存在是屬於時空，那是歷史之輪，是不斷的變動，變動的就是會被找到，你要追逐的是虛幻的現象，你可以按照計畫去找到它，但你不能能找到我，我是那鳳凰、是屬於永恆的。莊子的語言，以「鵷鶵」、「鴟」和「腐鼠」都具有明顯的比喻義，且比喻自然生動形象，特別是把鴟嚇鵷鶵的情景刻畫地惟妙惟肖，活畫出了惠子想要掌控一切的偏狹知見。但莊子卻去對他說，你是無法抓到像莊子這樣的人，莊子總是自己出現，他是自由的、永恆的、所以你不能夠抓到他，你只能邀請他，但要不要出現是他的自由。所以他自喻爲鳳凰，他的本質就是超越，故無需與世俗雜染。

惠子喜歡辯論，故莊子認爲那是一種玩火的工作，因爲辯者讓語言與知見變得很重要，以致於眞正的意義反而喪失了，正如把象徵符號變得很重要，以於那個內容物完全被忘卻了；而被語言所迷惑，最那連心也會被迷惑。莊子和惠子兩人本是朋友，惠子先於莊子而亡，以前莊子還可以與惠子論辯有無之道、或談談正反之道，然而惠子過逝後，莊子感到已經沒有可以對談的人。因爲以前還有個可以糾正的對象，但惠子死後，連想要講話的人也沒有了。道中之人是不會傷人的，當人心有了私意已經不在道中，如此就會起分別之心，只有用「正言若反」的言語來勸說，對於話語的目的是要傳達概念，當那個概念被掌握了，話語就被忘掉了，道家想在生活中找到一個忘掉話語的人，他想要與那個人說說話，只有「致虛守靜」之德行，才會讓萬物有其自己，以達到圓滿。如《莊子》中推許的人物，有的專一心志，不雜世事，身無恆產，看來起像是貧窮；但是其生命是很平衡的，因爲合於道所以他認爲是很公平的，故古人有「貧道」之稱。

（二）從「得意忘言」為解消陰影的觀照療癒

老莊於「道」的掌握，認爲道是超越時空、多元、變化的最終實體，故曰：「天地與我並生，萬物與我爲一。」此種境界乃是沒有「如何呈現語言」的問題。故當道落於時空中，乃主客都融一氣之化的流行中。故云：「道可道，非常道」、「通天地一氣耳。」（〈秋水〉），道是萬物根本的構成因素，以氣而能遍於一切，既是物質之終極本源，也是構成感官認識作用的根本要素，故氣可以化現爲語言，但「道」則非關語言。如莊子寓言說：

> 桓團、公孫龍辯者之徒，飾人之心，易人之意，能勝人之口，不能服人之心，辯者之囿也。
>
> 惠施不能以此自寧，散於萬物而不厭，卒以善辯爲名。惜乎，惠施之才，駘蕩而不得，逐萬物而不反，是窮響以聲，形與影競走也，悲夫。（〈天下〉）

桓團、公孫龍辯、惠施等以善辯來矯飾人的心，改變人的想法，能壓住人的口，卻不能徹底讓人心服，辯者的拘見，就好像與影子競走的人，自己沒有辦法解脫的失敗，或歸咎於不得不追逐、或歸咎逃得不夠快，於是越追越快，越逃越遠，一刻也不停，直至倒地而死。但從來沒有覺知到，只要踏入蔽蔭處，影子就會消失，不再追逐虛幻的假相、眞相就會出現。一個辯者，他並不準備去聽對方的話，即使好像有在聽，那聽的動作也是虛假的，他只是準備要反駁你，他已經有一個陰影跟著，他有某種理論，他是充滿了了知見，而且試圖去證明那是對的。

然而道家是眞理的擁有者，故不會攜帶任何理論，他一直都保持敞開，具有接受性，他會享受聆聽，道家的話非常簡潔，那些知道的人一直都是如此，所以也不必會說什麼不必要的話，他們跟那知道「無」的人生活在一起，這是屬於道家，故老子要說：「吾言甚易知、甚易行，而天下莫能知、莫能行。」（〈七十章〉）體現「道」是很容易、就是去除人爲的執著，人只要踏入蔽蔭處，影子就消失了，執著也就消失了，一剎那間，所有「有爲」的陰影就消失了。但惠施的努力，是以「一尺之捶，日取其半，萬世不竭。辯者以此與惠施相應，終身無窮。」（〈天下〉）他辯論的成果，乃是不斷地與影子競走，同時這也好像人生中一般人的作爲，窮究一生的力氣，好像很努力，而且很有成就，莊子說就像與影子競走，想要趕走影子也不可能，而兩是人爲的影子是由名利之光的現象所造成的，人一生疲累不止、糾纏不消的病情都是被那影子給困束住，無法擺脫掉。

以人的知見來說，容易的是常常變得那麼困難，因爲知見總認爲要很難，故人才會不斷地努力，或是與人辯論，爭取別人的認同，只有這樣受盡千辛萬苦才能有成就，當有了成就，發覺這些成就也只是虛影，但當他們發現影子是無法擺脫的時候，就成了無法解脫的枷鎖，所以就選擇逃跑，或以對抗的方式，於是造成自己疲於奔命，困累不堪。人世的陰影是無處不在的，但人是否能覺知到，自己的憤怒、欲望、貪求、野心等，都是各式各樣的影子呢？如果能眞正進入內在，把外在的一切置之度外，憤怒在哪裡？欲望在哪裡？如果人繼續只是進入、進入、再進入，進入最深層的虛靜之無，一切的雜事早晚會被留在外面，當人走進蔽蔭處，一切雜病就出去了，人獲得了至寶——玄珠。

莊子說只要走入蔽陰處，人就能夠得到療效，也不會再受到影子的傷害了。不追逐虛名假利，爲攀緣世人的注目，那個陰影就不見了，那個蔽蔭處就是「無爲」，是屬於內在的平和。由於人們總是在外部世界的光亮中，於是就有了影子，或許也可以用佛法的「業力」來形容，當人發現影子是無法驅離的，繼而人想逃避著影子，但是卻無法拋開。莊子教人進入自己的蔽蔭處，裡面沒有強光也沒有影子，有的只是無的妙用。道乃本自俱足、本自圓滿，合乎其自然，即有不可思、不可議之力量，其不思議之妙用，難以形容。如寓言云：

> 人有畏影惡跡而去之走者，舉足愈數而跡愈多，走愈疾而影不

離身，自以為尚遲，疾走不休，絕力而死。不知處陰以休影，處靜以息跡，愚亦甚矣。(〈漁父〉)

人雖有影子，但人仍可以與影子共處，影子不會影響人，影子會致病乃是自以爲是的病，知道那是幻影就是掌握到本，而那幻影的病也就得到療癒。莊子教人不必畏影惡跡，只要進入樹蔭之中，影子就消失了，就是那麼簡單。如果人能虛靜，讓心不亂動，也不會再有地面的影跡；如果止於無所不知的境域，那就是進入天府，就可以獲得到生命的保全，體會「道」的療癒，那就是守住不用語言的辯論，不用稱說的大道，乃爲「葆光」之道。又莊子寓言曰：

夫大道不稱，大辯不言，大仁不仁，大廉不嗛，大勇不忮。道昭而不道，言辯而不及，仁常而不成，廉清而不信，勇忮而不成。五者園而幾向方矣。故知止其所不知，至矣。孰知不言之辯，不道之道？若有能知，此之謂天府。注焉而不滿，酌焉而不竭，而不知其所由來，此之謂葆光。(〈齊物論〉)

莊子以不辯之辯來後稱大道，他認爲道屬於「不言之辯」、「不道之道」，不得已述說大道，只要人心進入虛靜狀態，人能「得意忘言」，然後以無爲的方式來稱說，莊子的語言教人活在一種大而化之的心境，乃爲在世存在的具體和諧，影子與病都是不實的，故人在世間泯然對立分別的狀態中，也沒有如何努力的問題。

當道以氣的流行，化成爲有時空、多元、變化的人文世界，此時莊子關注的焦點，是在這多元變化的世界中，如何使用語言表達出那整全的「道」。故莊子說「得意忘言」者是使用語言是爲成全相對者，且不失絕對道體的掌握，此即「兩行」之說，以生命能跳出相對世界之外，又能使相對世界的雙方都各得其所。〔註 50〕人們始終看到萬物的對立面和差別相，故心態上也和它們有產生對立，但道家卻把它推翻了，人與影不再對立，莊子說：「荃者所以在魚，得魚而忘荃；蹄者所以在兔，得兔而忘蹄；言者所以在意，得意而忘言。吾安得忘言之人而與之言哉？」(〈外物〉) 不再追逐外物，忘掉語言的指稱，人自然可以看到心的本色，獲得到眞正的意義，那是生命得到療癒的根源，莊子想要與達到意義的人對話，就要希望人能超越一切表象獲得意義，這就是「道」的整全。

〔註 50〕參考楊儒賓:《儒門內的莊子》(台北:聯經出版社,2016 年 2 月),頁 226～235。

（三）從「寄言出意」發揮隱喻的觀照療癒

《莊子》一書都是卮言，寓言、重言只是卮言的兩種變形而已。寓言，是假託事物以申明道理、重言，引用古今聖賢權威使人看重的語言，都是關乎語言技巧，也都是歸納在「卮言」之中，故卮言是至人表達「道」的最基本模式。道家教人，不應用耳朵去聽，而應當用「心」來聽，但心的層次尚不高，故最好以「氣」來聽。「心齋」者，主要就著重於以「心」化「氣」。「氣」是「虛而待物者」，如果能夠以「氣」去聽，則認識主體則完全離開外物的限制。「氣」因爲沒有感官之思與模式的束縛，所以爲「虛」，虛而能夠待物。「待物」表示認識與外物的和諧狀態時，跟著認識主體的「虛」，外物也完成其自然性，故是爲氣化修養論、是一種「萬物之化」。

讀道家的典籍時，我們可以隨時感受到作者那海闊天空、縱橫跌宕的想像與文思。他是跳躍的、放射的，好像開闔無端、無始無終，從「得意忘言」(〈外物〉) 卻又能「寄言出意」(〈山木〉)，意義所指向的，並不能用語言來表達，但仍需借重語言爲工具，以進入意外之境。「語言從來都是一種沈默的工具，跟我們對話的，始終是我們自身的思維。故對話從來就是不斷地在我們的意識中進行。」〔註51〕莊子語言結構靈活而有序，以揮灑自如的筆觸寫意舒懷，反覆闡述一個主觀境界，牟宗三釋云：「自我這裡出發，發而亦可函蓋乾坤，賅宇萬物而言體、言用、言無言有、言神化、言一多，言寂感，假若亦可成一本體論。這樣的自我本體，是個人心證之主觀性所達至之境界之客觀姿態，而不眞是分解撐架地在客觀眞實方面眞有如此之『實有』。……故不是『實有形態』之本體論，而是『境界形態』之本體論。」〔註52〕道家不是積極地想創造一個本體，而是以其主觀心證的客觀姿態，正是對道家語言的精神。如郭象疏云：「卮言，不定也。曼衍，無心也。……故夫卮滿則傾，卮空則仰，故以卮器以況至言。」〔註53〕以卮器的虛滿自得之境，呈現自己對情境的稱述，就好像「天」是一個主觀境界的形上理境，勉強以「道」說之。

莊子對語言的運用，可知道與言的三層關係：1. 道與言的本質是對反的。2. 言說的溝通要囊括非言說的溝通。3. 在此世間內展現的圓融之道，可以使道與語言不是對反，而是彼此需要。道家的語言要可以爲自然的法則，如日

〔註51〕鄭振偉：《道家詩學》（南京：江蘇人民出版社，2009年6月），頁38。
〔註52〕牟宗三：《才性與玄理》（台北：臺灣學生書局，2002年），頁264。
〔註53〕郭象注：《莊子集釋》（台北，萬卷樓圖書公司，2007年7月），頁1206。

光的照耀，圓滿而周遍，能照破世間的迷昧，也像流水曲繞，無所不潤。故莊子自詡曰：

> 獨與天地精神往來，而不敖倪於萬物，不譴是非，以與世俗處。其書雖瑰瑋而連犿無傷也，其辭雖參差而諔詭可觀。彼其充實不可以已，上與造物者遊，而下與外死生、無終始者爲友。其於本也，宏大而辟，深閎而肆；其於宗也，可謂稠適而上遂矣。雖然，其應於化而解於物也，其理不竭，其來不蛻，芒乎昧乎，未之盡者。（〈天下〉）

與道合的莊子，其內心純然是「天」，不須反省與思索，便自然合道，一點也用不著勉強，一花一世界，雖然任縱其心，隨其本心所爲，都是道的示現。他如同鏡子，沒有認同，也沒有不認同，只是照映，這正是莊子「獨與天地精神往來」的境界。他爲了表示道體之眞，他不得不以語言來說，他所說的似是異於常理的，他「不譴是非，以與世俗處。」可能是被認瘋狂的，或者是十足地像傻瓜，他不會傷人，也不會受到傷害，因爲一個眞正的智者，他的一言一行是自發性的，當需要智慧的時候，他是大鵬展翅；當需要愚笨的時，他卻可能呆若木雞。也就是因爲這樣子，所以人們聽了他的話會很驚訝，因爲每每能指直人的心靈，連而神人看了會很喜悅，因爲他的卮言就如那個「光」。

人們爲人的知見所遮閉心眼，故而對眞理視而不見，因爲看不見眞理，所以更顯示道家非但不是虛無，而是眞實的關懷。這樣的眞理就像鏡子，鏡子只是不斷地反映它面前的一切，它不會因爲外物不同而有所影響。如果黑暗出現，它反映出黑暗；如果是早晨，它反映早晨；有人死了，它反映出死亡的樣子；如果有小孩在它面前哈哈大笑，跳來跳去，它就是又笑又跳的樣子；它本身是那麼樣地眞實，一點差別也沒有。如尼采曾說：「我的『自己』在經過一番漫長的四處流浪與世事的歷練之後，終於又回到我這個家來了。我還知道這一點，此刻我站有自己的最後絕頂——那個早就爲我保留的絕頂之前。」〔註 54〕出家後自然要回家，流浪者終能尋得意義，這樣的狀態就是眞正的自然，也是寄言出意所表達的眞理狀態。眞理就是眞理，它不會因爲你去信就有，不信就沒有。所以是非善惡之對立面對眞理而言，一點影響也沒有；這個道理通了，則萬事皆通，一切言說當然無所不通。所以，在眞理的面前，沒有好人壞人之分；沒善惡是非之別，它就是觀照。它沒有不認同

〔註 54〕尼采著，余鴻榮譯：《查拉圖斯特拉如是說》（台北：志文出版，2013 年 10 月），頁 204。

任何出現的內容，不管內容物看起來是多麼地善良有靈性，或者是看起是多麼地醜陋和厭惡，它都是一樣。

道家以「詩性隱喻」，其奧旨深遠無法以語言充分說明，其不是傳統的修辭隱喻，也不是世間概念的隱喻，如賴錫三認爲：「它是具有存有論意義的『基本隱喻』。」〔註 55〕道家對道體隱喻，其以各種隱喻意象和法認爲，學習是不可能的，故其教導人離開學習。故道家能以離奇而獨特的語言，已充分顯示老莊是一個體道的「作家」〔註 56〕。如老子以有無反覆而變化的文字、包羅萬象的開闊通透、無盡無窮的原創力量，處處顯現著文氣的充沛和豐富的靈感；莊子的表達意象，富有濃厚的美學張力，藉古今人物、奇形怪狀、神話傳說、動植物，甚至精靈水怪演爲寓言，可以讓人立刻充感受，以人在存有物的多元差異，見到存有開顯的活力，而這些千差萬別的交融鄺嚮乃是道通爲一的整體連性，這正是一種「存有的開顯」。道家可以教人如何離開學習，如何拋開話語，如此可在人的裡面創造出一個空間，那個空間是屬於「無」的空間，那就是空間是心所屬，人要以心去體證之。這是屬於無說之說，即以語言體道的思想，道家充分發散出詩性的療癒。

第二節　牟宗三「詭辭爲用」對道家語言觀的關懷與療癒

牟宗三認爲儒佛兩家屬於有道體且有境界，而道家則是突顯於境界，其境界已被道的語言文字所超越，以老莊的道早已脫離了對言語的迷思，故云：「故老莊者，實『詭辭爲用』之大宗也。」「詭辭」是在言說境界上，展現與常人不同的論述方式，而道家的語言上常突顯「正言若反」的言說方式。語言不再只是溝通一的工具，而是進入一種道術，鄭振偉：「語言進入無言無意之域，不啻是一種心靈的空間？它取代甚或超越了客觀存在的空間，事實上，語言從來都是一種沈默的工具，跟我們對話，始終是我們自身的思維。」〔註 57〕道家從「自然」的意境，明一切自生、自在、自己如此，乃是渾化一切依

〔註 55〕賴錫三：《當代新道家——多音複調與視域融合》，頁 328。

〔註 56〕「作家」一詞，禪家中有大機用者之稱，即「大家」。《碧巖錄》評唱云：「趙州是作家」。參見熊鈍主編：《辭海》上冊（台北：臺灣中華書局，1980 年 3 月），頁 343。

〔註 57〕鄭振偉：《道家詩學》（南京：江蘇人民出版社，2009 年 6），頁 34。

待對待而至此，自然是一虛靈的境界，從主體來說是，自己與一切物；從客觀來說，是一觀照的境界，不著於對象，也不落於對象上，從是非相對，達到超越是非，是個個圓滿具體而化。

本節亦援引海德格「用具」的概念，由於人在日常生活之中，必須以關心到所操控的物，然而這物有其自己的知識，人必須能掌握到某種知覺的認知，並以發明自我的直覺。如老子常以工具來說明人與生活、有與無的關連，如車、埏埴、鑿戶牖……等，莊子也說：「工倕旋而蓋規矩，指與物化而不以心稽」（〈達生〉）等用具的形象，來體會物以可用性、可指揮性、可操探性，世人但知其有之爲用，而不知以無運有，其用乃神。然老子以此發揮「有之以爲利、爲之以爲用」的概念，並依此概念建立其世界價值。趙衛民說：「相對於老子的凝鍊簡約與莊子的恢宏飄逸更想對照，可知道家的語言觀是屬於技藝一脈。」〔註 58〕以一種若反的語言、無的語言來表達對道的示現。牟子以傳統主體依據，從本體的理論以爲實踐而至最高境界時，則所有概念統合匯整解消於主體境域中，不再區分天、人、道、器、理、氣、性、情等，這其實是屬於存有論的概念解析，是以概念解析來界定學術術語，從而訂正系統整編成一架構，此爲牟子預設性的視域詮釋，其採歷史還原的立場，創造性地將道家的語言結構作了判教的設建，當然也要被不斷批批判考驗中，開向視域融合爲過程。以下從道家新道家的非分別說、玄理型態、圓教論說，展開其「詭辭爲用」的旨趣。

一、「非分別說」的關懷

道家綜觀時代的發展，人類的文化有陷入僵化弊端，在世間的病狀未發作之前，必要有一套治療的思維，以化解人世的糾葛，注入超越的活力，是以其語言有以正爲反，將反復合的展現。

「分別說」指凡關於「是什麼」的問題，皆是屬於「分別說」的範疇，如什麼是仁、義、禮、智、信……等，可以詳細分別世間現象的理，都是歸屬於這一類，故儒家的義理大部分可以歸爲「分別說」。然而道家只有「如何」的問題，即「如何可能」的問題？如云：「道可道，非常道。名可名，非常名」、「無名天地之始，有名萬物之母……此兩者，同出而異名，同謂之玄，玄之

〔註 58〕趙衛民以前識觀、物道及技藝三個步驟展示道家的存有論美學，並將道家語言觀，放入技藝以脈絡。參考氏著：〈道家美學〉收錄淡江大學中文研究所主編：《文學與美學‧第五集》（台北：文史哲學出版社，1995 年 9 月），頁 299。

又玄，眾妙之門。」這些用語，仍是分別地告訴人們。什麼是道、什麼是德、什麼是無、什麼是有，什麼是玄……等，這就是屬於「分別說」。在此指的是解放意義下的分別說，不可用一般所講的邏輯分析或語言分析來瞭解。

牟宗三認爲道家在風格上，人當要有所說明時，就要用分析的方式來解說，以一個概念來說，故必須先告訴人們這個概念是什麼，才能進一步說明這個概念如何可能？又假定是可能，是在什麼層面上爲可能？假定不可能，又在什麼層面上爲不可能？關於這些問題的解答，都是是於「分別說」。它可以立教，可以告訴人們某方面的教義。這是比邏輯還有實用性的價值時，人們可以繼續使用，但是當邏輯已經行不通，或是踰越其分際時，語言不再是語言，語言不再與事實對應時，人們就應該拋開語詞的探討，而回到實際情況之中。覺悟的人從意識中覺醒，他要幫助人解決存有的奧秘，也要滿足人們對於邏輯得適應性，於是就要以「非分別說」的方式來表達眞實的事態。其要人明白，所謂不合邏輯的畢竟不一定是不合邏輯，因爲表面不合理的東西，也有其合理性，那個合理性是從心靈的自由所表達出來的，由於眾人靈魂的深處有著難以言喻的情信，所以道家乃以超越知性的方式，以「正言若反」、「得意忘言」、「寄言出意」等方式來表達，如此世間的眞相，乃能被道家的語言所詮釋，人們因此心靈得到整全，生命也因此完美且充滿幸福。

牟宗三以道家用語最大特色是屬於「非分別說」，亦可屬爲「詭辭爲用」的語境。當牟宗三說到有主觀客觀的詮釋路線，第一序說道體及主體，第二序說境界，當道家在使用這些詞語的時候，不再從萬物的對立面和差別相著手，將之推翻，呈現主觀境界型態，人終於可以看到世界的內在，故其將「詭辭」以合理化，如牟宗三言：

> 在道家莊子發之，所謂一大詭辭，一大無待，而向郭探微索隱，則發爲迹冥圓融之論。千哲同契，非謂誰取自誰也。若必謂佛家所獨有，莊子、向、郭，何能至此，則偏執之謬也。實則，若自中國之佛教言之，其發此「詭辭爲用」之般若模型，反在老、莊、向、郭之後也。而老、莊、向、郭早已具備此玄智之模型矣。夫以「詭辭爲用」所達之圓境，乃各聖心之共法也。圓教不惟自「詭辭爲用」顯，且可自「體性之綱維」顯。此在佛教，則從「佛性」一系入。在儒家，則從「心即理」入。而道家，則演至莊子之純境界形態，即全由「詭辭

為用」顯。故老莊者，實「詭辭為用」之大宗也。〔註59〕

牟宗三認為莊子思想在某一層面上，確是以「非分別說」來呈現其意境的。譬如莊子講「天籟」、「逍遙」時，就是用一種「非分別說」的方式，他不是用正面解說或概念分析的方式告訴人，什麼是「天籟」、「逍遙」？而是用詭辭來訴說卮言、寓言、重言等方式，呈現一些非語言、概念所能達到的高度意境，故是為「非分別說」。

「非分別說」乃指稱其以詭辭的方式來呈現，不再是言意的邏輯，也不是莫可奈何的表達方式，而是語詞把權力讓渡予人們，人們重新作主。詭辭是重在世間實際，它是非邏輯、非語詞、偏鋒和隱晦的表象，道家提供一種理論型態，它扭脫名相和邏輯的理性，讓知性得到自由，人類的心靈完全擁有自己，故同時也是靈性的解放，故心靈不再對自己起分別之心。人們是存在界的主人，不再因對立而困擾，也不再為生死煩惱，這種型態乃為道家所擅場。牟宗三見到道佛用語的獨特方式，以詭辭說之，當代中國哲學家中馮友蘭也十分肯定這樣的說法。

用「非分別說」的方式把道義、意境呈現出來，即表示這些理境，不是用概念或分析可以說出來的，用概念分析講只是一個線索，一個引路。如莊子講天籟時，他並未正面地告訴人們什麼是天籟？他只是暗示；而講逍遙遊時，亦復如此，這就是「非分別說」的表達方式。所以照莊子自己所用話語，如寓言、重言、卮言，又如謬悠之說、荒唐之言、無端崖之辭等來看其思想，所呈現的可謂為「非分別說」。故牟宗三認為：「分別說」是西方形上學的特質，而「非分別說」乃中國形上學的特質」。〔註60〕這是屬於非理性、非邏輯的語言模式。

道家已然知道，「邏輯」根本不會讓事情變成眞理，只是看起來像是眞理。事實上，眞理不需要人去相信或推理，人的否定也不會影響眞理，因為眞理就是眞理，不管你相信或不相信。道家是要人學會如何不把焦點放在對立面，學會如何回歸樸實，讓它們不那麼造作，讓它們更流動，讓它們自然而中節，讓這樣我們就可以在內在獲得整全，以此整全而看清一切實相。牟宗三說：「由虛一靜的工夫使得生命虛靜而靈、純一無雜、不浮，這時主觀的主境就呈現

〔註59〕牟宗三：《才性與玄理》（台北：臺灣學生局，2002年8月），頁194。然而牟先生認為莊子有些篇章的思想乃是「分別說」，並不完全都是「非分別說」，其中層次仍是需要釐清。

〔註60〕牟宗三：《中國哲學十九講》（台北：臺灣學生局，2002年8月），頁346～347。

無限心的作用。」〔註 61〕這無限心使人看清楚自己的面貌，相狀就消失了，對立相也不見了，事實上自我從來就不曾存在，那只是個夢幻。可是雖說是個夢幻，人們卻一直以爲是眞實的，那種喜怒哀樂的感覺是那麼的眞實，連被追殺都是那麼樣地驚心動魄。人們活在夢幻裡，甚至當我們自認爲是清醒時，其實也還是昏睡的。

二、「玄理型態」的關懷

對於「分別說」與「非分別說」的說法是做了大要的界定。本小節主要從「非分別」來說明道家的語言特色，雖說老子和莊子思想同樣是「玄理玄智的義理系統」，但兩者之風格、表達方式和義理型態是有不同的。牟宗三於《才性與玄理》一書中，論述魏晉玄學家嚐試儒道匯通，卻推認孔子爲最高的聖人形象，當王弼所言「聖人體無」與「聖人有情」的問題時，乃開出陽儒陰道之「道家玄理型態」的定位，如牟子引用史書云：

> 故裴徽問弼曰：「夫無誠萬物之所資也，然聖人莫肯致言，而老子申之無已者何？弼曰：聖人體無，無又不可以訓，故不說也。老子是有者也。故恆言其所不足」。聖人體無而不說，老子在有而恆言。此亦「知者不言，言者不知」、「善易者不論易」之意也。是以「聖人體無」即言聖人眞能達到「無」的境界，（即作到無）。無不只是一個「智及」之空觀念，而且眞能表現之於生命中，體而實有之。（此體是身體力行之體）。老子是處在「有」的境界，不能渾化掉，故不能達到「無」的境界。因不能到，故恆言其所不足。用孔子之語表示，則老子只是「智及」，而不能「仁守」。至於莊子，則更「未始藏其狂言」。（郭象注莊子序文）。以此衡之，則孔子是聖人，老莊至多是賢人，或哲學家。孔子之「體無」，是從造誻之境界上說。〔註 62〕

以「聖人體無」解爲聖人的本體爲無，而又能體現無。孔子的生命全幅是仁體流行，是爲仁體，亦可稱爲仁道，眞正達到了第一序上的本體，老子只能是第二序上的體無。對這樣的說法牟子快然接受，一方面孔子是聖人標準已是高於老子；二方面孔子的聖境乃是以無爲體，以其不言之言爲表現，這就形成了牟子論述孔老的一套核心理念。牟子以儒家的本體是仁，境界是無，

〔註 61〕牟宗三：《中國哲學十九講》（台北：臺灣學生局，2002 年 8 月），頁 122。
〔註 62〕牟宗三：《才性與玄理》（台北：臺灣學生局，2002 年 8 月），頁 120。

老子能言於境界之無，不能言於本體之仁，故而只在境界中發言，而為一境界型態的形上學。莊子也是以孔子為最高級的聖人，卻轉出詭辭為用而標舉孔子，故而表面上是批評的意見，其實只是以狂言高視孔子之詞，這也是牟子沿乃王弼之說而大大加以描述。

如此看來，筆者可以認為在王弼匯通孔老之際，孔子的聖人形象似可以不分派，亦即孔子為聖的境界，已超越儒道境界而為當時學者所共尊，而道家的玄理型態也是要透過孔子之仁德無言而提高其價值，是以此際孔子乃成為儒道之間最高境界的典範。故牟宗三又說：「孔子立教與孔門義理之獨特處全隱而不見，忽而無知。遂只從可見之德業視孔子，而其不可見之道卻是老莊之所言，亦惟賴老莊言之而得明。」〔註 63〕以孔子體之說不言，老莊知本而言；孔子以作為用，老莊以言之以為體，故孔子才是最高境界的聖人，而老子則只是智者而已。最高境界的聖人是要能體無的人，孔子的本質是無又能體現無，是已經做到的「無」的境界，故而為聖人不需再多倡高論；然而老子卻倡論聖人境界之無，所以老子仍在有的階段。如此說來，透過孔子把道家的本體說得更清楚，王弼的詮釋不但會通的孔老，也共證而儒道的境界，這正是後來宋明儒者以為的忌諱，但又不說敢正面駁斥的現象。

又從聖人體無，說到「聖人有情」，聖人「應物而不累於物」的說法，更將聖人實質性表達到無此自在。然而對於不可得而聞也的天道，王弼取道家言而填充之，也可以達到豁醒聖人之境界，使人得有真切的了悟與嚮往。老莊雖說出自第二序之境界的體來觀聖人，但也是實說實用，真正把道的意境表達出來。故傳曰：

> 聖人體無，無又不可以訓，故不說也。老子是有者也，故恆言無所不足。
>
> 聖人茂於人者神明也。同於人者五情也。神明茂，故能體沖以通無。五情同，故不能無哀樂以應物。然則聖人之情應物而無累於物者也。今是無累，便謂不復應物，失之多矣。〔註 64〕

王弼的思路中，最高境界的意境是「無」，達到最高境界之後也不為言說，然而聖人豈能無喜怒哀樂呢？若聖人也有喜怒哀樂，那聖人豈不是沒有價值可

〔註 63〕牟宗三：《才性與玄理》（台北：臺灣學生局，2002 年 8 月），頁 121。

〔註 64〕樓宇烈校釋：〈魏志．卷二十八鍾會傳注〉《王弼集校釋》（台北：華正書局，1983 年 9 月），頁 639～640。

言？故他解釋聖人乃不陷溺於情，聖人具有眞性情，但卻是應物而不累於物，故能常躍起而不滯。

王弼將聖人的境界說得玄妙高理，認爲聖人是應世的，聖人的本體是無的，體現有無之間，聖人的表達是如此的圓善，這也只能將儒道兩家的精神合而言之，然後推出孔子爲代表。只是聖人有情還是不夠，聖人須是應物而不累於物，才能將此肉身的道體說得慯透。而這卻是儒家所不言，甚至是誤解了道家的境界之說，故依此說，牟宗三乃言「境界的體用是儒釋道所同」，眞正唯一的大道是難以用言語來說明的，而是要去感受、去體驗、去瞭解，這也許就是儒道的共法。

孔子是有大智慧的人，他放下人爲的知見、去除人爲的思維，讓生命直接接受上天的規畫，做爲一名「天之戮民」，並成爲爲「遊方之內者」，這樣才能直接開出內外一如的境界，郭象注莊也是以詭辭來推稱孔子，郭象乃接續王弼的說法，並高舉「道家的玄理」型態，而牟宗三也是繼而推許這樣的說法，並用來解說「宋明理學」，可謂爲一家之言。如云：

> 若只是此第二序之境界上的體用，有無，則體或無即無客觀之實體性的意義，而用或有則只是自然帶出之「糟粕」，淡然無繫，泛然從眾之「應迹」，其本身並無客觀而積極的意義，而只有主觀而消極的意義，即只是不繫不絕，因應之所顯。雖云「物無妄然，必由其理」(王弼略例語)，「物有自然，理有至極，循而直往，則冥然自合」，(郭象莊子齊物論注語)，然此所謂理皆只是虛說，並非實理。即，只是根於無或自然而來之虛說之理，並非根於存在上的實體而來之實理。此即使有或用只成爲主觀之應迹。其本身並無客觀而積極之價值。是以此迹本之論自然傾合於佛教，權假方便之論，而爲同一系之體用。此體用觀因接上佛教而蔚成大國，其勢直貫魏晉南北朝與隋唐，而爲七八百年之中心觀念。〔註65〕

王弼將「無」作爲價値體系而發展一套模式，即是「不禁其性、不塞其源」的無爲工夫，這樣的工夫理論，其實王弼是以道體之玄德對待天地萬物，玄德即是不有、不恃、不宰，故而聖人作爲即不禁、不塞，這中間並沒有「無道體」的立場。牟宗三認爲王弼實際上「以老解易」，乃是源於對「道的錯置」，即是王弼是根據老子思想，以「道」來統貫萬物，成爲以玄理入易學。到了郭象時本身就不是以

〔註65〕牟宗三：《才性與玄理》(台北：臺灣學生局，2002年8月)，頁123。

儒者自居，所以他在注莊時，充滿了寄言出意的詮解，牟宗三認爲郭象注莊就是莊子的本意，又以郭象思維來定位的儒學，只在若干小地方拉開儒道分際，也成了牟宗三的「詭辭爲用」之續言，亦即對魏晉道家思想的接受。

牟子之旨在於王弼以無境說聖人，郭象繼之以迹本說聖人，即是爲莊子所揭示的無爲意境。既要倡言無境，則所見之迹也需要以言語否定之，但這不是否定實踐，而只是正言若反地否定其實踐之痕跡，實際是要倡言其「本」，故又說：「無論堯舜禹湯乃至文武周孔以及其德業皆是外在的糟粕，至道之遺迹。皆可忘也。」這是郭象「正言若反」地來高舉莊意以聖人無功之功，但是聖人的行止只是他們的表面行迹都還有更高的意境在，這些意境就是莊子文中描寫於神人、眞人的神仙境界的話語。〔註 66〕

三、「圓教論說」的關懷

大道就是眞理，就是根本，就是世界諸因素，而世界諸因素就是成就其本身。人能回到像赤子那樣，就是等同擁有與生俱來的天賦，能帶著驚奇的雙眼來欣賞世間，不帶思考觀看的能力，不受思緒打擾、不被知見歪曲而與實相接觸的能力，直接了當，徹徹底底地達到大道的源流、源頭。故道家的究極之說，乃包括了正反兩種對立，也包融了兩種言說，故牟宗三後期主要的觀念乃謂「道家的圓教論說」，即謂一切形上與形下問題的圓滿解決而入臻化境。如言：

> 圓教可自兩方面說：一、自玄智之詭辭爲用說，不滯一邊，動寂雙遣，自爾渾化，一時頓圓。二、自超越心體含攝一切說，一毀一切毀，一成一切成，無餘無欠，一時頓圓。前者老莊玄智，本自具有……道家不經由超越分解以立此體。惟是自虛靜工夫上，損之又損，以至無爲。無爲而無不爲，則進而自詭辭爲用以玄同彼我。「上與造物者遊，下與外死生無終始者爲友」。以至「天地與我並生，萬物與我爲一」。「既已爲一矣，且得有言乎」？進而一相亦無。無餘無欠，而至圓頓之教。〔註 67〕

〔註 66〕杜保瑞：「郭象注莊已被學術界十分明確地視爲是不符原意之作。……馮友蘭、湯一介、方東美皆有明確之言。」參考杜保瑞：〈郭象哲學創作的理論意義〉《國學學刊》第四期，（2009 年 12 月），頁 95。然郭象雖不符原意，然事實上在詮釋莊學的思想上是別具有創新。

〔註 67〕牟宗三：《才性與玄理》（台北：臺灣學生局，2002 年 8 月），頁 228～229。

始言圓教，乃是得自兩面之說，一是從主觀心境的玄理，化爲詭辭的理境；二是由超越的心體可以貫攝全體，乃是立體直貫的本體宇宙論說。牟宗三認爲道家乃是虛靜的淨化工夫，最終成一泯然無別玄理的境界。這是牟宗三藉超越心體之有無，以呈現道家的圓教模式。

道家的圓頓，自玄智的詭辭爲用說，是體道、悟道者視野來看世界，而不是制式化的隱居世界，更不是爲了逃避現實而進入道院的人，他是屬於「詩性的美學觀照，那就是任其自然的心境。這個境既是美學的觀照，更是眞理開顯的場域，亦即它更是將自身完全開放給『自然而然』的存有之開顯。」〔註68〕以心觀看世界是立體模型，所以一入視界則能全體觀照。這種類似禪定的觀照，乃屬眞修實練的人，與一般入寺修行不同。蓋有人進入寺院，可能是創造僞君子的大本營，有人爲了害怕面對現實而逃進寺院；有人爲了怕會被發現他是騙人的僞君子，所以也進入寺院，披著修行人的衣裳，以便順利進行他的行爲；而寺院中的教條、名相，甚至是道理，反而會讓修行人陷入更大的追逐漩渦。體道者乃不和人爭財、爭名利、爭功勞，有或沒有，都不會改變他的志向，無聲無嗅、無人無我，心境如如不動，其境一點紛雜沒有，是一個清淨的所在，他沒有一切的煩惱，得到眞正的自由。故牟宗三會通儒道兩家時提出的一種觀點，老子之「絕聖棄智，絕仁棄義」，實非否定聖智仁義，而乃藉如王弼所言：「守母以存子」之方式，「反其形」以存之也。……「守母存子」之方向，即「正言若反」之方式，亦即「辯證詭辭」之方式。而儒家踐仁以至聖，是可無適無莫，無爲無執，「無意必固我」，故爲沖虛之德。

這之中並無次序，也無正說倒說之事，而是本體宇宙工夫境界共成一實踐哲學的基本哲學問題之架構，環環相扣，互相推演，沒有誰才是更重要的，因爲也沒有誰能脫離得了誰的。正如牟宗三言：

> 道家之言有無，並無第一序第二序之分。兩層混而爲一，即以境界上的無之爲體，視作存在上的無之爲體。此無即道，即一，即自然，此皆是形式詞語，即只能說體之外延的形式特性，而不能說其內容的實際特性。以此爲標準觀孔子，只從境界上知其體無，遂只以此「無」爲本爲體爲道，以爲孔子之所體即是老莊之所言。〔註69〕

〔註68〕賴錫三：《當代新道家——多音複調與視域融合》，頁171。

〔註69〕牟宗三：《才性與玄理》（台北：臺灣學生局，2002年8月），頁120～121。

道家依此道，進言其爲道爲一，不只是在形式上說，也是從本質上說，老子說到「本」，就是以道爲創生天地萬物的實體，故言其爲母、爲萬物之宗，王弼詮釋盛言「無」，只是就萬物宗主是無形無名之無而說的。此一道體乃名之爲「無」，這就是一種詭辭的言論，即爲道家的「道」混含了各種可能性。

老子之道既爲實有，是負擔天地萬物的存在，其「道生一、一生二、二生三」等說的意旨，以道是「無」，因此無也是指「無爲」，無爲即無私，故能讓萬物自生自長，故爲「玄德」。聖人體此道的玄德，掌握無私之體就能「無爲而無不爲」，王弼以「不禁其性、不塞其源」解之，這以詭辭爲用的姿態，也是一種境界，來呈現萬物。「道」主觀面的作用意境，都是依這超越的道體爲標準。

老子明講道爲萬物之宗，王弼就此則講萬物宗主，而此宗主則是無形無名的，其作用則是無爲的。牟子對此萬物之宗的解讀，轉爲經由主體的實踐親證才確知其有的，才被證實的，親證其有其實，故而說爲萬物之宗。因此其作爲萬物之宗並非眞是存在上的地位，而是在主體的作用對待萬物之態，成爲主體的境界而稱爲萬物之宗。這不是一種體用關係，而是經由工夫實踐實證，而能證成有此境、此體。就形上意涵而言，儒道都是實有型態的，因爲兩家都是有其存在直貫的系統，若以老莊王弼說道家，則道家形上學亦是直貫存在的系統。又牟子說：

> 言道之「遍在性」，由「周行而不殆」以言其無所不在也。亦即以周流言遍在。實則道亦無所謂「行」，亦無所謂「流」。只是遍與萬物而生全之。物有流有行，道無流無行也。遍與萬物而生全之，即遍與萬物而爲其體也。爲其體，爲其本，即爲其母也……「不塞其源，不禁其性」，暢開萬物「自生，自治，自理，自相贍足」之門，即如此而爲體爲母也。〔註 70〕

道的遍在性，乃本來是表達那不說之說之「最終的語言」，是神聖、高貴與美善的。但透過了流行，道就會慢慢地變質。現今很多宗教特別用力去宣說道，但道已經漸漸喪失，其自原有的不塞不禁的品質。有的已經變成政治的，有的已經不再有活的師父在裡面，只有死氣沉沉的、沒有生趣的、平庸的信眾。他們繼續在爭論，他們一直試著要使別人改變他們的信仰來接受自己的宗教，因爲數目可以產生力量，他們宗教的勢力就能更強、更有影響力。量化的現象可以給予人力量，所以基督徒希望每個人都成爲基督徒，佛教徒希望

〔註 70〕牟宗三：《才性與玄理》（台北：臺灣學生局，2002 年 8 月），頁 149。

每個人都加入佛教，他們的手段和方式或許有所不同，但那個欲望是一樣的。那是一種很深的權力欲望，彼此之間就會有爭吵，有鬥亂。有很多宗教一直在做各種醜陋的事情，他們以恐怖方式傳教，或是有因爲金錢，或是有因爲賄賂，變成一個教徒……，但是原始的「自生、自治、自理、自相贍足」之道門將不再敞開。

當孔子說：「天何言哉？四時行焉、百物生焉，天何言哉？」（〈陽貨〉）常人都以爲天不言、地不語，以爲天地是不可能將答案告訴我們的，因爲天地根本不會說話。這實在是對孔子本意的最大曲解，人怎麼知道天地不會說話呢？誰能肯定天地不會說話呢？誰又知道花草樹木、蟲魚鳥獸不會說話呢？天地不時用千種、萬種的語言在向世人說話，並告訴人們要找的答案就在這裡。聖人之間的意境有時候是相同的，如老子曰：「大道汎兮，其可左右。萬物恃之而生而不辭，功成不名有。」（〈三十四章〉）大道是無往而不在的。它是萬物的依恃，它成就萬物讓萬物涌現出來，讓世界顯明，而自身又不名有，又不爲主，它是無名的，無名而強名，稱之爲道。道要人有其自己，人只要能放下人的思維，學習不受思緒干擾，而與實相接觸的藝術。爲什麼一定要用語言呢？用了語言就得透過思考，透過思考的言語，就很難是眞相。有時，讓自己在夕陽無限好時坐著看它，不要去思考，不做任何評論，就只是欣賞，就像生命迸出了一幅畫，是一幕分享的藝術，直接契入天地之心，這就是唯一之道。

道家把超越分解所建立的絕對，提升到繫屬於主體而渾化境界的絕對，這樣的境界是屬於詩的，從擬說功能來模擬眞實世界或與內在世界的選擇、類型、秩序與信服；以象徵的符號性、比喻性、與暗示性表達心靈的呈顯；以實體的對比到心靈的對比，對比產生嘲弄，從悲劇的嘲弄到喜劇的嘲弄，這都道家語言表現方法，是特有的詩性特質。

若從海德格稱以「用具」觀念來說明語言的運作，以言連繫意、意指向某一相應的相、如此建構人們的生活世界的開顯以及關懷，乃也可說明老莊在語言的運作及性格〔註71〕，也從而構築玄理體系的文化視域。以語言與意志相互連繫的建構，其實早具有工具性、意義性、世界性的作用。海德格以「用具」間的關係，而藉此說明用具與存有的統一性，說明即當用具是用具時，它早已

〔註71〕以上海德格觀點，參考陳榮華：《海德格存有與時間闡釋》（台北：臺大出版中心，2012年2月），頁56。

被關連到另一用具，這種關連的方式是「以一物指向到另一物去」這就是指向的意義，稱之爲「指向性」（Bewandtnis, involvement）〔註 72〕。這裡所說的物，其實不是一個東西或實體，而是此物的用途或用具功能，更重要的是由於它有某種延續下去的方式，所以指向性的意義是「一種用途指向到另一種用途」，並且由於當時有一物具有此用途，故它不是別物，而是此物。這種「緣於周遭世界中之物能滿足它」〔註 73〕，便是達到「讓之在」（sein lassen, letting be）效用，最後形成某種世界觀。於是語言在被表達之後，現象世界得以滿足它，這種讓技藝存在的需要，更因爲它又同時可以指向性地開創出道的形上內涵。

四、「詭辭爲用」對道家語言療癒力的開發

牟宗三認爲，聖人用「詭辭爲用」是將一切現象的對立泯除，人們總是役於言說和邏輯，以這樣的方式過活，人難煩惱不斷，但如果想要看到眞正值得認識的世界，看看對人的靈性幸福有益的東西，道家就得一舉遣除所有執持，讓人人可以有新的觀點，可以從全體去審視世界，從內在去體會生命。故其理論可以開出「重心歸零」、「儒道融合」、「開顯詩性」等的關懷療癒。

（一）將心歸零的療癒觀

牟子「非分別說」乃分而不分、不分而分，對於世人難與莊語的情況，他認爲道家是蓄意製造一種語言的模式，一切語言的安排都是由此基源的模式來表達，甚至不說而說或說而不說等溝通的姿勢，也必須用「非分別說」的模式道出。以非分別的語言技巧，要人放下言語，空掉知見，回歸最純粹赤子的眞我，也只有「虛」與「無」，這一切才可能發生。聖人是教人再次拾回赤子心的人，人能夠爲聖，乃稱爲「靈性重生」的人。正如基督認爲「除非你變成像小孩子那樣，否則你斷不能進天國之門。」天堂的國度就在這裡，但人必須重生，再次恢復那沒有思緒的狀態。這就是爲什麼老子說：「吾言甚易知、甚易行，而天下莫能知、莫能行。」（〈七十章〉）因爲眾生一直被自己的習性牽著走，堅持用自己的知見來言說各種眞相，這是以管窺天，慢慢地知見說服其人。而道家沒有所謂的眞相，你的所見所聞就是眞相，除此之外沒有眞相。

〔註 72〕陳榮華：「海德格曾認爲，用具是互相關連的，而且是在用途上的『爲了……』和『圍繞而往著另一用具』這個性格關連起來的。」《海德格存有與時間闡釋》，頁 56。然而這裡，道家語言的「指向性」，除了可以做爲另一用具「意」的連結之外，道家尚可以開創出形上的人文價值，這就是東西方思想差異之處。

〔註 73〕陳榮華：《海德格存有與時間闡釋》（台北：臺大出版中心，2012 年 2 月），頁 58。

非分別說是要人回歸成爲「無」，也就是「歸零」的樣子，讓「心」歸於零，因爲無才是眞實的，才是我們本來的樣子。成爲無的知見無分別，就叫做「沒有頭腦」。沒有頭腦是沒有分別與煩惱，是屬無的頭腦，用無來行動，以無來生活，做任何自己必須做的，因爲裡面是無的，所以命運的困限根本就不會產生，物質的享受也是多餘的，那麼一來，人的言語就不會變成負擔，人的成就也不會成爲累贅；因爲只有無，才能源源不絕地享有，人們不再需要多餘邏輯的東西；只有無才會瞭解永遠都不會損失，因爲損失對「無」而言也是多餘的。

知識思想就是人的知見或念頭，可是誰能夠沒有念頭呢？只要是人都會有念頭。念頭不是錯誤，只有毫無節制地讓念頭亂生，讓它像亂箭齊發般地無所不射，害人又害己，那才是眞正的錯誤。所以，無念、不生的眞正本質是無不念、無不生，這才是眞無。故老子以只有軸心的空，才能產生輪子的有；若沒有軸心，輪子就會消失，車子也就會渙散而一無是處。當我們知道自己的輪子，向裡面深層地移動，終有一天會碰到那個軸心，那就是虛極，那就是無，而那是存在的本身，只有它才能讓我們無爲而無、不生之生。〔註74〕人們要如何才能找到那個軸心呢？要怎樣斷除負累？怎樣能把煩惱制住？道家認爲，不要問這種木偶般地問題，軸心與輪子是一體的，車不可能將它們兩個分開來，無與實相是一體的，生命與病體也是一樣，凡事有跡就有冥，消除了對立的知識思想，就是走向道，這是「自然」法則。雖然老莊的表達方法有所不同，但指向一種目標，那是一種生命的目標。

道家認爲要對治文化造成的病症，就必須把內在鏡子上的塵埃擦掉，把知識空掉，讓心成爲一面光鮮亮潔的鏡子，讓心歸零，心一點內容物都沒有，沒有一個妄想染雜，只有「無」，這就是莊子說的：「至人用心若鏡」，此時人的痛苦消失了，因爲痛苦原本就是寄生在鏡相上的東西，人在不鏡中則相不復存在，負累與痛苦也就不見了；過去消失了，以前的重擔與壓力，都是透過知識思想來傳遞的，當知識思想不在了，過去自然也就過去了；野心消失了，只有知識思想才知

〔註74〕老子曰:「三十輻，共一轂，當其無，有車之用。埏埴以爲器，當其無，有器之用。鑿户牖以爲室，當其無，有室之用。故有之以爲利，無之以爲用」(〈十一章〉) 林安梧說:「生命不能空度，但卻要留白，留白才能有想像的空間，才能有發展的可能。捨棄，只是捨棄，根本不用問，是否還有可以能，因爲眞正的可能性，就是回到空無的境地。」所以虛空才能無窮的妙方，這是屬於「非分別說」的語言。參考林安梧：《老子道德經新譯既心靈藥方》，(台北：萬卷樓圖書，2015年10月)，頁33。

道什麼是野心；死亡消失了，因爲死亡也是活在知識思想的國度裡；最後連瘋子也不見了，既然沒有知識思想的充塞，世間就沒有所謂的神經病。故牟子云：

> 老子採取分解的講法，莊子採取描述的講法。分解地講之，則系統整然，綱舉目張。種種義理，種種概念，皆連貫而生，各有分際。故吾曾就全經，分三大端明之。一、對於道之本體論的體悟。二、對於道之宇宙論的體悟。三、對於道之修養工夫上的體悟。〔註75〕

不論老莊的表達，道家都是要讓人體悟的、是生活化的、是回歸式的，祂要人不要還想求什麼、找什麼？不要在頭上安頭、騎驢覓驢，生出種種幻想，不要盡在生活中打妄想。只有「無」的本來面目，是無法被分割的。你不可能去分割一個無，「自己」是可以分割的，而「沒有自己」是無法分割的。人們都有太多的幻想、太多的欲望，內心裝了一大堆文明的垃圾，成爲一個「精神異常」的人，這就是爲什麼現代會有那麼多的精神病症。瘋子之所以成爲瘋子，是因爲他有太多的負累知識，瘋子好像是個大思想家，當他有太多的牽繫而無法負荷，他同時要面對所有的方向去奔跑，他無法停止，他開始分裂，他內在的無被厚重的塵埃壓執，故而他殘缺不全，最後什麼都不是。然而領悟到像莊子式的笑傲，聆聽到天籟成爲自有自在，乃使瘋子只是像瘋子，沖虛觀照不再只是靜態的或消極的，它只是一種作用的詭說，而其實是要對存有生生不息的開顯，是生命療癒的藝術。

以上就「重心歸零」的關懷療癒觀點〔註76〕，此說可與佛教教義相通，然而牟宗三創造性的提出「分別說」與「非分別說」的理論，針對本體與工夫境界的所有使用到的存有範疇進行意旨定義與關係建構，從解析的、分別的、思辨的進路中，使得存有美學中界定了清楚的範疇與概念，使得道家語言觀有更爲清楚的論據。

〔註75〕牟宗三：《才性與玄理》（台北：臺灣學生局，2002年8月），頁175。

〔註76〕牟宗三：以「分別説與非分別説」談論到語言問題更爲深入，有特別的詞語，如「（般若）非分別説中之分解的方式，是詭譎地體所已分別說者之實相一相所謂無相而爲詭譎的方式」，「以不住法住般若，以不住法住貪欲、嗔恚、愚痴之平等性中之詭譎的方式，『般若非般若是之謂般若之詭譎的方式，以不得得，以不行行之詭譎的方式，以不斷斷之詭譎的方式，三道即三德、生死即涅槃、煩惱即菩提，業縛即解脱之詭譎的方式。此詭譎方式之異法門目的即在巧示實相一相所謂無相，當體寂滅，歸於畢竟空，無所有也，歸於『不二法門』。」這些詭譎、相即、圓融説的字語概念，則實無一法可說。參考《佛性與般若》下冊（台北：臺灣學生書局，2008年10月），頁355。

（二）儒道觀念融合的療癒觀

世間已經變得堅硬又自私自利，人們被生活環境打得鼻青臉腫，更缺乏深層的內涵，或文明的洗滌，人們把自己變成冷酷的機器人，行走在這個世界，每一步都小心翼保護自己，時時警惕、筋疲力盡，卻不敢張揚。對道家而言，這種生活方式所付出的代價是難以衡量的，長久人們失去與整個自然、歷史的連結，站下天地之中卻未能好好的享受生活，然而人應當怎麼做？道家說了解「無」才是生活的本質。而此時道家對於生活上客觀的「有」並沒有要人放棄，其要捨棄的是障礙「無」顯現的東西，會讓人生病的東西。故牟子以魏晉玄學家的理論來匯通孔老，牟宗三藉郭象舉孔子聖人形象，從「迹本論」開始，詮釋莊子對聖人的見解，牟子盛讚此義且用於，以孔子爲理想對象的詮釋中，如言：

> 莊子假孔子之言以明「方外」之旨，並述孔子自稱爲「天之戮民」，爲「遊方之內者」。則孔子之內外通透，而無沾滯，甚明。「外內不相及，而丘使汝往弔之，丘則陋矣」。坦然自稱爲陋，則「唯聖人爲能受狂言」，亦甚明。能自認陋，則即不陋。能自認爲「遊方之內」，則即能體無而通於方之外。然則在孔子，外內豈眞不相及哉?故郭注云:「仲尼非不冥也」。又云:「未有極遊外之致，而不冥於內者也。未有能冥於內，而不遊於外者也。故聖人常遊外以宏內，無心以順有」。冥者玄合也。外內相與爲一冥，豈有限隔哉?限隔者，皆偏執之情也。此眞爲對立而不相及矣。然則對立而以爲不相及者，在許由，在方外之數子（子桑户、孟子反、子琴張等），而不在堯與孔子也。莊子假許由與方外之數子以顯本，而本之無固已體之於堯與孔子，故即假託堯與孔子以明大成之圓境。此義也，爲向、郭所掘發而盛闡之。〔註77〕
>
> 此孔子之所以自居爲「天之戮民」，而兀者叔山無趾之所以謂爲「天刑」也。「遺物而後能入羣，坐忘而後能硬物。愈遺之愈得之。苟居斯極，則雖欲釋之，而理固自來。斯乃天人之所不赦者也」。故曰天刑，又曰天之戮民。實則不是「遺物而後能入羣」，當推進一步說，眞正而具體之遺物必入羣，眞正而具體之坐忘必應物。必入羣，必應物，是眞「雖欲釋之，而理固自來」，斯眞乃天人之所不赦者也。儒者謂爲

〔註77〕牟宗三：《才性與玄理》（台北：臺灣學生局，2002年8月），頁222。

承體起用，開物成務，乃充實飽滿之教，而莊生則謂爲「天刑」。是則一切聖人皆是「天之戮民」，皆直接承當此天刑而不捨者也。〔註78〕

牟子基本上以王弼、郭象兩人的道家詮釋路線是一脈相承的，甚至認爲即是與老莊之學一脈相承的，將孔子的境界推進一步說，「必入群、必應物」即眞正而具體之遺物者必入顧人群之中，而眞正具的坐忘，必與萬應有所感應，這「欲釋之，而理固自來」才是眞正天人所不避諱的。孔子的形象在此是承體起用，開物成務，是一充實而飽滿的教法，故謂之「天刑」，乃是一切聖人都是「天之戮民」，是一種在世間必然承受的重擔。故面對各方而來的重擊或毀謗，不必刻意拒絕或回擊，安然地接受它，自己也沒有任何的起心動念。這樣的說法將儒道的終極關懷合而爲一，而這是一種大成圓教。

牟子以道家的理論型態的，乃是由王弼、郭象所點出的儒家勝義。牟子將之汲取爲資糧，而成爲儒道之匯通。道家說「安之若命」，儒家說「安身立命」，兩家都是要爲人們提供一種治療的思維，他們要人直接面對生活，如實又全心全意地，堅定地的活著，讓內在心聲發出聲音，使其有伸展的空間，那種長期隱藏在凍霜的心胸膛下的聲音，雖然處於痛苦或極端的考驗下，依然可以發出顫抖的聲音，來表達道的抒發，這是孔老匯通的大圓成。故老子說：「天得一以清；地得一以寧；神得一以靈；谷得一以盈；萬物得一以生；侯王得一以爲天下貞。」（〈三十九章〉）〔註79〕當孔子也說：「吾道一以貫之」孔子說他不是什麼都知道，可是藉由那個「一」，他就可以什麼都知道；因爲那個「一」就是上天、就是道。他們自己也是屬於「道」的一個部份，他們與道已然合而爲一，所以孔老的肉身是消失了，可以後人卻又一次又一次地看到他們所發出的生命光彩。

匯通孔老的思想，孔子的形象經過道家的正反合的樹立後，也突顯其超越性的面向，而這樣的面向也是佛家的思維。如牟子又說：「此即大乘佛教所以發展至『如來藏緣起』之密義也」、「則佛亦必然是『天之戮民』也，與孔子無以異，豈有高蹈空掛之佛哉？」〔註80〕至此不但見到了道家的獨特性，也帶出中國三教思想，在牟子的詮釋下融攝爲一。

〔註78〕牟宗三：《才性與玄理》（台北：臺灣學生局，2002年8月），頁223。

〔註79〕林安梧釋云：「一是一切的本源，也是當下的起點，想著一，一件一件的去做完它，不必掛心。」《老子道德經新譯既心靈藥方》（台北：萬卷樓圖書，2015年10月），頁120。

〔註80〕牟宗三：《才性與玄理》（台北：臺灣學生局，2002年8月），頁224。

又觀海德格謂老子的「道」不能當作理性、精神、意義、邏輯等，海德格的似得到老子的啓示，力求擺脫傳統形上學的概念話語，已經不用「存在」這個形上學範疇來標示思想的事情。如葉維廉說：「海德格認爲物我之間，物物之間是一種互照狀態，是一種相交相參，既合仍分，主客可以易位。由於肯定了原眞事物爲我們感應的主位，反對以人知去駕馭天然，我們發現海德格幾乎與道家說著同一語言。」而道家用的是詩的語由，以詩性思考來直視人們的感官，「故所有的藝術，當它們讓眞理出現一事發生了，如此的本質就是屬於詩性的。」〔註 81〕海德格明確地將希臘的邏各斯、中國的道和他所言的「大道」三者並舉，把這個大道稱爲——開路者，以大道的展開就是開辟道路，即一切皆道路。道路就是這個「一」，可以是西方邏各斯意義上的「存在」。就像一滴水珠不見了，它不會再回來了，沒有辦法再次擁有它或成爲它，它以水珠的形式死掉，但那水珠卻變成大海，它是大海的一部份，它不再是有限的生命，而是以整體方式無限的存在。如此者道家的「道」又將西方的思想融攝而成了多元合一矣。

（三）開顯詩性的療癒觀

牟宗三以道家語言的基本精神是圓通無礙、交融互滲的語言遊戲，一則可以活化文化符號而使其不斷流通交換，二則可以批判文化符號的僵固意識型態。因此將道家的圓教乃爲卮言的流行，這樣一來道家既可以不離開文化符號的世界，另一方面卻又能在文化批判與文化更新之間出入自由，這是詩在文化之中所獨顯的特色，故道家能開顯出詩性的療癒。

當道家提出一些似是而非、奇詭的論述時，看似反覆無常的情緒表達，但他們都有著從生命經驗得到的堅固眞理，如賴錫三說：「道家的語言向度展開爲四種範疇：無言沉默、隱喻大開、故事敘述、概念辯證的互補互用」、「文化的再創造離不開語言的不斷活化，所以道家對語的批判而走向隱喻大開之路，就可隱含著一種道家式的文化觀，即在不斷的批判與治療中走向文化的活化與再造。」〔註 82〕又牟宗三說：「詭辭爲用之境界之圓頓，雖可到處應用，然無超越而客觀之根據以提挈之，則便無客觀之充實飽滿性。」〔註 83〕道家在「語言」觀的療癒境界有了圓頓教法，而牟子以郭象注莊爲本義，甚至更

〔註 81〕參考葉維廉：《比較詩學》（台北：東大圖書，2002 年 10 月），頁 130。
〔註 82〕以上參考賴錫三：《當代新道家——多音複調與視域融合》，頁 292。
〔註 83〕牟宗三：《才性與玄理》（台北：臺灣學生局，2002 年 8 月），頁 230。

沁入老子詮釋中，這樣定位，故對道評價之語及理論的批判可謂是「借假修眞」、「從空出假」等工夫，筆者對此以其創造性詮釋之角度來思維，這何嘗不是三教聖人教化的共法。

老莊教人縱身一躍，進入那「無形」可以生育天地，「無情」可以運行日月，「無名」長養萬物之「道」中。讓人直接體會心包萬物的精神，在那裡沒有邏輯、沒有道德壓迫，不會扭曲事實，來符應人們的測量尺度，也不會戕害人性以臣服於各種知見分別，心靈如鏡一般彼此映照，在它們中間沒有任何障翳。如牟子說：

> 老莊知言知本，而不能體之，孔子大聖，體之而不言。而道卻只是這個道。不復知尚有存在上或第一序的體。而孔子立教與孔門義理之獨特處（即仁與天道性命）全隱而不見，忽而無知。遂只從可見之德業視孔子，而其不可見之道卻是老莊之所言，亦惟賴老莊言之而得明。假若道體在此，則孔子可見之德業只是用，只是迹。是則以孔子之「作」爲用，（作者之謂聖），以老莊之言爲體，（述者之謂明）；以孔子之用爲「迹」，以老莊之體爲「所以迹」。向、郭注莊，即盛發此義。內聖之道在老莊，外王之業在孔子。以此會通儒道，則陽尊儒聖，而陰崇老莊。〔註 84〕

牟宗三此將老莊子知言知本與孔子之體無合而爲一。只有如此的組合，才是最符合其企圖，而且是高舉儒家的方法，然而牟宗三或許評述道家也適足以證成了道家。正如林安梧分析老子〈四十一章〉說：「天下有千萬個分別的事物，它生起於人們有形有象的執著分別，這有形有象的執著分別則又生起於無形無象的渾淪爲一」〔註 85〕所以後來的學者想要匯通儒道，最後仍然回歸於「道」。

要入道並不需要很多法要，只要一個法，那個法不屬於任何思考，那個法也不是存在思緒之中，人的思考可能發展出無數的方法，但沒有一個是人們眞正需要的方式。因爲眞正的「道」是一種沒有思考的狀態，它並不是語言的；人可以知道它，但無法將它轉變成知識，也不能夠說出那個，祂只能夠在人的內在深處被知道，是一種照耀著內在的光，故那並不是一個對任何人提供的方法，它是所有法門的停止，它根本不是給予法門，而

〔註 84〕牟宗三：《才性與玄理》（台北：臺灣學生局，2002 年 8 月），頁 121。
〔註 85〕林安梧：《老子道德經新譯既心靈藥方》，台北：萬卷樓圖書，2015 年 10 月，頁 122。

是溶解了所有的法門，然後留下一種沒有任何法門的狀態……，那就是唯一的法——沒有法。

人或許會知道很多的想法，但想法越多問題就會越多，層出不窮的問題會繼續迸出來，它還是會用各種方式來折磨人。問題之所以還是會升起，是因爲那個根源尚未被阻斷，新的葉子還會長出來，新的樹枝還會是繼續伸展，新的問題不斷產生。

從文化來看，語言既是人類心靈的豐富表現形式，同時人也可能限於片面的語言符號形式的操作，而使思想與文明僵滯。老子對「始制有名」、「名以定形」的符號使用，採取了「豫兮」、「猶兮」的心理情境，使老子對語言的立場也就容易被誤解爲純粹否定論，故必須對道家的語言觀作多重層次的再釐清。首先道家並不走向極端神秘主義那種純宗教式的否定語言，而莊子自道「以與世俗處」的在世性格，則嘗試以間接的方式來描述道。這正如詩人只能用隱喻、韻律、與意象來形容世間之情，史考特（Scott Samuelson）對此曾說：「詩是具有主動意義的語言，詩不只是用來裝飾平淡的語句。正因爲包念了些許間接在裡頭，因此詩與它傳達的東西一樣直接。」〔註 86〕道家的語言正是這種詩性的語言，在恍兮若兮之間，表達出其直接的企圖。又從《莊子》一書所運用的文字能力看來，莊周本人便是創造語言遊戲的文字技藝家，所以道家的圓教立場不會也不必取消語言，反而要走向療癒敞開的面向，其以「道」和「隱喻」、「詩」的本質關係，這就是其語言詩性的療癒。

牟宗三「詭辭爲用」的詮釋，使得語言能用來改善心理和情緒狀態，從而能夠起到治療心身疾病的作用，是一種簡單、有效，並能陶冶您的情操。「詭辭爲用」的閱讀，猶如做健身操，從正確的站姿開始一樣，將文字從發音開始，以正反合的觀念不斷導正，人能反復咀嚼，在咀嚼默誦的過程能夠使大腦皮層的興奮與抑制過程達到相對平衡的狀態，從而使血液循環加速，體內生化代謝活躍，乙醯膽鹼和其他激素分泌增加，增強記憶力〔註 87〕。這有利於疾病康復，更有利於心理健康，這也是道家「詭辭爲用」的關懷性，所帶出的詩性療效與作用。

〔註 86〕史考特．薩繆森：《在生命最深處遇見哲學》（台北：商周出版社，2006 年 2 月），頁 163。

〔註 87〕參考湛佑祥等著：《閱讀療法理論與實踐》（北京：軍事醫學科學出版社，2011 年 11 月），135。

第三節　李白詩歌對道家語言的省察與療癒

李白常常借酒發聲，藉語言狂吐眞心情，其詩總是帶出讓人意想不到的療效。他時而憂愁，時而激昂，似暴風急雨，驟起驟落，如行雲流水，一瀉千里，淋漓酣恣的悲憤中又見慷慨激昂的豪情。他不願被消沉情緒吞噬淹沒，從大起大落的飛躍的詩句，感受著他深沉痛苦的內心和睥睨憂患的達觀性格。李白每以寄言出意的詩歌來展現其關懷精神，如用酒神的精神，表達對生命的昇揚，自我解放的心胸，淨脫人為的造作，打破一切教條的束縛，以體悟本眞為用，讓人回到生命的眞，乃是詩人言意的作為。

一、李白「正言若反」的省察

李白的詩歌富於比興的特色，也是開啓詩歌秘旨的鑰匙，又能帶出道的味道，即是以正言若反之詩意，這樣的詩是往往其言在此而其意在彼，讀者因就其隱喻而探求之，蓋「心」是完全的作主，以無心來作主，故要無執著、無分別的心，要虛靜觀照的心，他用詩來表達其心，總是開創出反映現實的獨特手法，正反之間的語言，常能給予人對人生的省察。

李白以正言若反的省察，乃以「眞」為宗旨，他的眞即是自然，自然就是不虛飾、不矯揉，故而以樸實無華而要。李白隨時能將生活中的點滴心得分享出來，他如寫事實，但又能用幻境來表達，也不妨礙對具體的呈現，如詩云：

> 交杯映歌扇，似月雲中見。相見不得親，不如不相見。相見情已深，未語可知心。（〈相逢行〉）

見似不見，如雲中見；見不得親，見如不見，故以不見為見，這是最深情的表達，因為情太深所以以不說來說，這不說卻彼此都能相知相感。對情境時，最有效的就是與之對話，對話不一定是要面對面，李白常進酒、問月、聲天中來進行，是一種若反的方式來正言，是一種儀式的自我，他以其詩做出儀式的象徵，特別能激起強烈的交感，這樣的交感，乃可以形成某種療效。又如詩云：

> 危樓高百尺，手可摘星辰。不敢高聲語，恐驚天上人。（〈題峰頂寺〉）

這詩總是充滿了現實與想像的正反交錯，以意為眞、寄境於實的表達，這是天人一體的感受，天就在旁邊，而我就是天人，這正是道家作用的保存的效果，故而此詩境充滿道趣。李白詩作中有不在少數，帶著正言若反的意境，如云：

敬亭白雲氣，秀色連蒼梧。下映雙溪水，如天落鏡湖。此中積龍象，獨許濬公殊。風韻逸江左，文章動海隅。觀心同水月，解領得明珠。今日逢支遁，高談出有無。（〈贈宣州靈源寺仲濬公〉）

山中聚集著龍象氣勢，都是因爲人的才性而彰顯，如仲濬公是最出色的，其風度翩翩、氣韻不凡，在觀心的是修行乃能覺察自心如同水月、非有非無，了不可得而明有妙用。「解領得明珠」喻禪師已解下染著的塵衣，得到了自性光輝，而這顆明珠個個本具，只要反察獲得這自然的大用，將仲濬公比作名僧支遁，並通過記述二人高談，進一步闡明「高談出有無」，乃領悟有與無的玄義，從不執著現象來體悟若反的現象，以進入那妙境。

正反、無有、循環、陰陽、遠近等是一種對道的行跡之觀照，在這複雜的人心的表現上，心想的有做出來的往往不能夠協調，正的道理，常常說錯了；反向的行爲，有時卻是有正面效果的，故人常有存在的迷失，老子的正言若反，以人常常被外境所繫縛，載浮載沈，身不由己，故而以「反」的姿態來表達道的完全自由，李白詩歌正是這樣的手法承繼，如〈贈汪倫〉以虛的理來說實的情，以近指遠、以陰說陽、以景寫人等都是李白正言若反的運用手法。又如〈日出入行〉表達道的循環往復的軌跡，又說明人事、時空與萬物的往返關係，不即不離；又詩來表達完全的自由，詩是自己的主人，所以其詩是屬往反循還的心境表達。楊義說：「詩人在這麼一種潛在的意義貫串下，建立了一個新的心理時空世界，錯綜組合著諸多時代的人物事件。這就是古代詩歌中用典的時空秘密，詩人成了心理心空的創造者。」〔註 88〕這種時空的開創，讓人去掉了執著與主宰性，進入一個無邊無際的虛空。李白表達了道家的心語，故其語言常能跨越古今，以言意中說明自己的遙旨。

後人只能說李白是詩人中的巨星，任何人都想與之沾上關係。蘇徹云：「李太白詩過人，其生平所享如浮花浪蕊，其詩云：羅帷舒，似有人開。明月直入，無心可猜。不可及也。」〔註 89〕這是時代造就特殊的人物，李白有某種特殊的、屬道的方式，他能運用適合當時的社會，莊子與李白都是這一類人之中的佼佼者，他們不但是文學家也同樣兼詩人的地位，在那樣動盪的時代中各種異說紛紛襲捲整個社會。劉笑敢在《兩種自由的追求》中提到：「莊子與沙特和其他許多思想家、哲學家的一個重要不同之處就在於他們善於給自

〔註 88〕楊義：《李杜詩學》（北京：北京出版社，2001 年 3 月），頁 49。
〔註 89〕蘇轍，〈蘇欒城詩集〉，收入《李白集校註》（台北：里仁書局，1981 年），頁 1887。

己的思想安上文學的翅膀，使他們在動盪中的沉思更容易激起生活的浪花，使他們對現實的感受更容易引起社會的迴響或共鳴。」〔註 90〕以此也可以用在李白的身上，他的詩總是帶著療癒。

二、李白「得意忘言」的省察

李白在政場失意，他也看不起巧言令色、阿諛奉承而平步青雲之徒，他開始不假修飾、縱酒狂歌、全然的豪放逍遙。開始內在的呼嘯，發出謬悠之說，傅紹良說：「如果說在政治生活中，李白是借酒佯狂，那麼在社會生活中，李白則以酒代情，打開那些世俗的禮儀和虛僞的客套，通過狂誕表現自我的眞率、自然、坦誠、純樸之感情。」〔註 91〕杜甫則贊爲：「劇談憐野逸，嗜酒見天眞。」（〈寄李十二白二十韻〉）故天眞即李白的「得意」，而詩歌其實是不得不言的「忘言」，他表達自己是一往深情地體現人生眞情，卻是通過狂誕詩意，來表達他對人間的觀察與省思。如云：

> 運逸翰以擊，鼓奔飆而長驅，燭龍銜光以照物，列缺施鞭而啓途，土視三山，杯觀五湖，其動也神應，其行也道俱。任公見之而罷釣，有窮不敢以彎弧。莫不投竿失鏃，仰之長吁。（〈大鵬賦〉）

此李白以莊子筆下的任公子釣魚仍不足爲大，有比其更大之魚，非任公子所能駕馭，任公子所以治理的世間也只是「自制河以東，楢梧以北」的範圍，而李白則「邈彼北荒，將窮南圖。」則奇言妙論之宏旨，則亦有莊子的繼續之意味。人的命運一如在驚濤駭浪中的船隻，離開命運之海是不可能成行，生命中所有的資糧都那兒，只是它們必須被經歷或被擁抱，如羅洛梅說：「體驗這樣的情緒狀態，認識命運，意味著你從自視過高的狀態下鬆綁，能夠把自己投入戲局，不論什麼狀況，都不會斤斤計較一些枝微末節。」〔註 92〕李白也在〈古有所思行〉：「我思仙人乃在碧海之東隅，海寒多天風，白波連天倒蓬壺。」〈橫江詞六首〉：「驚波一起三山動，公無渡河歸去來。」等皆以得意忘言，來表達本眞之志，而環境考驗非常的志趣。

面對至大之境，在人們生活經驗中還未能眞切的體驗，莊子意在以大而入化，消除了大小之見，讓人能進入無有待、無死生之境。映入現象的事實

〔註 90〕劉笑敢：《兩種自由的追求——莊子與沙特》。
〔註 91〕傅紹良著：《盛唐文化精神與詩人人格》（台北：文津出版社，1999 年），頁 223。
〔註 92〕羅洛．梅著，龔卓軍譯：《自由與命運》（台北：立緒出版社，2010 年 3 月），頁 68。

看來，以主觀境界來齊一萬物，這是因為莊子的語言，並啓發了李白，他接受後也以這語言技藝進入萬物之心，並與自然合一，如詩云：

> 噫吁嚱，危乎高哉！蜀道之難難於上青天。蠶叢及魚鳧，開國何茫然。爾來四萬八千歲，始與秦塞通人煙。西當太白有鳥道，可以橫絕峨嵋巔。地崩山摧壯士死，然後天梯石棧相鉤連。(〈蜀道難〉)〔註 93〕

李白掌握莊子的主觀境界，創作的是絕對性、無目的性、主體性、屬於自然性，及其一定的境界性，在當語意與文字的運用上都是受到肆無忌憚的勇氣支持，人們可以暢所欲言、放言高論，那種由是莊子而來的特有風格。李白的想像是無邊無際的向著遠方延伸，建議性的情緒，是一種運用人生力量的方法，讓我們去選擇與命運遭逢的方式，命運可能給人各式各樣的方式，但合作無間是一種方式，選擇省察本眞的生活也是一種方式，對於詩人而言，得意乃激發靈活的思想是創作的原動力，忘言是源源不絕的想像是文章的生命力。

李白的詩歌，能夠廣為流傳也是因為它的得忘之間想像力之豐富所致，故而能有超越語言的效果出現。徐而菴說：

> 〈蜀道難〉篇中凡三見與莊子《逍遙遊》敘鯤鵬同。吾嘗謂作古詩長篇須讀《莊子》、《史記》，子美歌行純學《史記》，太白歌行純學《莊子》。故兩先生為歌行之雙絕，不誣也。〔註 94〕

李白把莊子視為理想的追求對象，甚高於屈原之上，但除了歌行之外，其他詩也是如此，他想效法莊子與自然共舞，使言意諧調於天地之間，他雖然有人間世的苦悶，但從人籟、地籟直通到天籟，向上一路的超越，以對自然的體悟不斷療癒人文的創傷，這樣的力量是不斷詩寫詩歌的作用。又龔自珍說：

〔註 93〕安旗謂：「李白〈蜀道難〉是唐代詩歌的碩果，浪漫主義的奇葩，膾炙人口，已經千有餘年。」「〈蜀道難〉是一首悲歌慷慨的詩篇。和中外古今的浪漫主義傑作一樣，它的主題有兩層意義，表面上是寫蜀道艱難，實質上是指仕途坎坷。它是李白在開元年間第一次入長安的產物，反映的是他此期的坎坷經歷，抒發的是理想幻滅的痛苦，報國無門的悲哀，以及初次接觸到社會陰暗面時的驚愕和憤慨。正由於要反映的生活內容豐富而又深刻，要抒發的思想感情強烈而又複雜，難以直言，因此詩人採取比興手法曲盡其意。……雖離方以遁圓，實窮形而盡相。它極其形象地反映了封建社會的某些本質想面，它極其深刻地表現了報國無路的典型心情，所以它能在歷傳讀者心中，特別是在『哀時失志』的人們心中，激起強烈的共鳴，從而成為千載不朽的詩篇」參閱安旗：《李白研究》，台北：水牛出版社，1996 年 3 月，頁 168；頁 183～184。

〔註 94〕徐增著，樊維綱校注：《說唐詩》(河南：中州古籍出版社，1990 年)，頁 133。

「莊、屈實二，不可以幷，幷之以爲心，自白始；儒、仙、俠實三，不可以合，合之以爲氣，又自白始也。其斯以爲白之眞原也已。」〔註 95〕說明李白的本眞乃是「氣」的展現，以與天地相融攝其氣的情志，在在說明他對莊子接受所做出的人生詮釋，他的思想中奔放熱情的性格，似乎什爲都關心，很多生活他都體驗過、表現過，也充份表現其「道」的浪漫情懷。

人世間沒有一種生活能永遠使他滿足，他那熾熱的感情，強烈的個性，在表現各種生活的詩篇中都打下了不可磨滅的烙印，處處留下濃厚的自我存在色彩，在共鳴的激勵也有著療癒的意義。如牟宗三云：「自我這裡出發，發而亦可函蓋乾坤，賅宇萬物而言體、言用、言無言有、言神化、言一多，言寂感，假若亦可成一本體論。這樣的自我本體，是個人心證之主觀性所達至之境界之客觀姿態，而不眞是分解撐架地在客觀眞實方面眞有如此之實有。」〔註 96〕他如此獨立不羈，不受任何約束的風格，是從魏晉時人的覺醒，發展至盛唐精神高度的昇華，道與氣是言意之間的運用，這使他生命的質素的發揮，是一種才性的率舒，這也在李白詩所體現的屬於道之療癒。

三、李白「寄言出意」的省察

李白詩以寄言出意之辭爲樂，以此同彼，以物觀物，故可以得「天鈞」，只有無端的造境，把抽象思維化除，重新擁抱人「心」的具體世界。以極佳的主體描述，神人的宏觀壯闊，突顯人的無待浪漫，不必刻意用出離的方法，只要把化的概念化除，人們胸襟可以完全開放，與萬物自由穿行與馳騁，其詩表現出眞實生命的活靈活現。

他以莊子浪漫精神，承繼子昂詩歌革新的主張，在理論和實踐上使詩歌革新邁向了成功。如莊子云：

> 夫聖人鶉居而鷇食，鳥行而無彰；天下有道則與物皆昌，天下無道則修德就閒；千歲厭世，去而上僊，乘彼白雲，至於帝鄉。（〈天地〉）

莊子中的聖人，即是李白詩中的仙人。道家與道教的演化已是兼容並畜一切傳說，到了李白時與太平道合、與佛教合，李白的仙佛之而已雜揉一家，而他認爲莊子也是神仙，也是他嚮往的對象之一而乘雲至鄉乃是他的本跡，如云：

〔註 95〕龔自珍：《最錄李白集》收入《龔自珍全集第三輯》（上海:上海人民出版社，1975 年），頁 255。

〔註 96〕牟宗三：《才性與玄理》（台北：臺灣學生書局，2002 年８月），頁 264。

> 南華老仙，發天機於漆園。吐崢嶸之高論，開浩蕩之奇言。徵至怪於齊諧，談北溟之有魚。吾不知其幾千里，其名曰鯤。化成大鵬，質凝胚渾。脫鬐鬣於海島，張羽毛於天門。刷渤澥之春流，晞扶桑之朝暾。燀赫乎宇宙，憑陵乎昆崙。一鼓一舞，煙朦沙昏。五嶽爲之震蕩，百川爲之崩奔。（〈大鵬賦〉）

「南華老仙，發天機於漆園，」然而在李白心中莊子仍是「固可想像其勢，髣髴其形。」且認爲，自己的高論奇言而悠廣而無形，是「足縈虹蜺，日耀日月。連軒沓拖，揮霍翕忽。」他思想大化渾融，不受天地桎梏，大膽以包籠莊子自詡，言語以寄語莊子，而大化入妙。

詩以神行無彰，其如聖人之行是無端的展開，卻使人得其意於言之外，若遠若近，若無若有，若雲之於天，月之於水，心得而會之，口不得而言之，乃詩之神者。這都是心理學中共鳴、淨化、平衡、暗示、領悟的作用，在李白的詩隨順任情感的噴發的，除了天才之外，還在於對自我的掌握。正如宇文所安所說：「他只寫一個巨大的我怎麼樣，我像什麼，我說什麼和故什麼？……李白的詩是一種創造自我的詩。」〔註 97〕李白對唐代詩風的革新更有特殊的貢獻。

這樣的語言是李白對莊語的一種創造。其詩歌就是繼承了前代創作的成就，以他浪漫的思想，豪放的風格，反映了盛唐時代樂觀向上的創造精神以及不滿封建秩序的潛在力量，擴大了文人開放的表現領域，豐富了詩歌自由的手法，並在一定程度上體現了浪漫和現實的結合，這些成就使他的詩成爲莊子以後浪漫藝術的高峰。如詩云：

> 大雅久不作。吾衰竟誰陳；王風委蔓草，戰國多荊榛。龍虎相啖食，兵戈逮狂秦；正聲何微茫，哀怨起騷人。揚馬激頹波，開流蕩無垠；廢興雖萬變，憲章亦已淪。自從建安來，綺麗不足珍；聖代復元古，垂衣貴清真。群才屬休明，乘運共躍鱗；文質相炳煥，眾星羅秋旻。我志在刪述，垂輝映千春；希聖如有立，絕筆于獲麟。（〈古風・其一〉）

> 蟾蜍薄太清，蝕此瑤台月。圓光虧中天，金魄遂淪沒。螮蝀入紫微，大明夷朝暉。浮雲隔兩曜，萬象昏陰霏。蕭蕭長門宮，昔是今已非。桂蠹花不實，天霜下嚴威。沈歎終永夕，感我涕沾衣。秦皇掃

〔註 97〕宇文所安，賈靜華譯：《盛唐詩》（台北：聯經出版社，2007 年），頁 173。

> 六合，虎視何雄哉。飛劍決浮雲，諸侯盡西來。明斷自天啓，大略駕群才。收兵鑄金人，函谷正東開。銘功會稽嶺，騁望琅琊台。刑徒七十萬，起土驪山隈。尚采不死藥，茫然使心哀。連弩射海魚，長鯨正崔嵬。額鼻象五嶽，颺波噴雲雷。鬐鬣蔽青天，何由睹蓬萊。徐市載秦女，樓船幾時回。但見三泉下，金棺葬寒灰。(〈古風．其二〉)

李白對於文藝的見解，是見之於他那古風的頭一首，「正聲何微茫，哀怨起騷人」、「浮雲隔兩曜，萬象昏陰霏。」可以清清楚楚地知道他的見地是古典的，在同一首詩裏他又說「自從建安來，綺麗不足珍。聖代復元古，垂衣貴清眞」，便又知道他所提出來的標準即是「清眞」，這也是謝朓才得以用的標準，所以李白推崇謝朓，也以承接其詩風自詡，以一種詩性回歸爲主軸，他的回歸發出巨大的共鳴作用，讓人得到主體的領悟。

李白回顧了整個詩歌發展的歷史，並以自豪的精神肯定了唐詩力挽頹風，恢復風雅傳統的正確道路。〈古風〉中又大膽批評了當時殘餘式類比雕琢、以及忽視實質內容的形式主義詩風：「一曲斐然子，雕蟲喪天眞。」(〈醜女來效顰〉) 在創作實踐上，他多寫古體，少寫律詩，卻在樂府民歌以及七言詩上，大力開拓，他的無端崖之詩風，卻能努力對詩歌革新，起了巨大作用。

在這方面李白更是得到了莊子心法，並常引仲尼爲志，如云：「仲尼欲浮海，吾祖之流沙。」(〈古風，其十二〉)、「仲尼七十說，歷聘莫見收；魯連逃千金，珪組豈可酬？」(〈贈崔郎中宗之 (時謫官金陵〉)、「君看我才能，何似魯仲尼；大聖猶不遇，小儒安足悲。」(〈書懷贈南陵常贊府〉) 這是李白的仲尼之志，且李白每引古人以爲自喻，更常常得意於自己的家世與祖業，與古之聖賢亦能連繫，如云：

> 本家隴西人，先爲漢邊將。功略蓋天地，名飛青雲上。苦戰竟不侯，當年頗惆悵。世傳崆峒勇，氣激金風壯。英烈遺厥孫，百代神猶王。十五觀奇書，作賦凌相如。龍顏惠殊寵，麟閣憑天居。(〈贈張相鎬．其二〉)

把家族吹捧一番，然後乃知李白非是平凡之身，讓陶令與我對話，王恭爲我形象，郭隗即我之長才，古今賢能皆集於此一身，李白或水流入海、或雲去從龍都在主觀境界的掌握之中。李白所描繪的自然其實就是他自己，將自己化爲鯤魚、大鵬鳥、蝴蝶、鳳凰，讓主體成爲自然一，看著他超情感的作品，是至情至性的。他鍾愛其中，將自己的情感、肉體與宇宙萬物融合冥合，因此在李白，自然都充滿著一種讓人驚心動魄的大美。

太白心凝而神釋於風，以天馬行空之姿，御風而行乎天地之間，望月則月益明，見山則山益青，思古則古立現，把酒則酒益靈，當月照大地，風撫萬物時，故無邊無限，隨時拈出，荒唐而無荒唐、錯落中見秩序，此爲李白詩歌重要審美與療癒的特質。其它如〈留別曹南群官之江南〉、〈謝公亭〉、〈之宣城出新林浦向板橋〉、〈酬殷佐明則曾五雲裘歌〉、〈秋夜板橋浦泛月獨酌懷謝朓〉等都推崇謝朓的風格來推顯詩風的作用，這是「李白這一種文學觀，是從他的道教思想一貫下來的。清眞在李白用來，並不限於對詩，乃是一一種風度。」〔註 98〕一種人格的高度，這是屬於瀟灑、孤潔、率眞，是一種認眞而不流俗的典範。

詩的想像，作爲詩創作的活動，不同於造型藝術的想像，詩是使人體會到對事物的內心的觀照和感受，盡管詩對實在外表的形狀也須加以藝術處理，然而從詩創作這種方式來看，在詩中起主導作用的是這種精神活動的主體性。故黑格爾曾說：「抒情詩，特有的內容就是心靈本身，單純的主體性格，重點不在當前的對象而在發生情感的靈魂。」〔註 99〕故詩人的任務在於始終不離開個人，敘述自己和自己的感受，同時又使這些感受成爲對社會有意義的東西，這些說法印證了李白的詩歌主體性原則，他的無端崖詩歌是從一個有鮮明的個性，感情強烈、氣質豪爽、想像豐富、敏銳的觀察的詩心發出，不僅在詩中他留下極鮮明的烙印，表達了他的詩歌的風格與審美價值，更說明其對社會關懷的作用。

四、李白詩歌對道家語言療癒力的開發

李白在對事象上的顯示，常是內在情感難以言喻，故每每托連象的人事物來形容之。當他鬱抑難消時，他則抒展體觸天機的隱喻，而藉人引巷以抒發之，這對李白的當時情境，更能說明他的用心，其常用比興互陳，反復唱嘆，內藏豐富之情感，隱躍而傳出，言語簡單而意味深趣。本段以詩歌療法爲論述李白的詩歌療癒，尼古拉斯所論「詩歌治療」的三種模式：（一）接受性／指定性模式：將文藝作品引入治療之中。（二）表達性／創作性模式：自

〔註 98〕李長之：《道教徒的詩人李白及其痛苦》（天津：天津人民出版社，2013 年 9 月），頁 112。

〔註 99〕黑格爾著，朱孟實譯：《美學》第三卷下冊（北京：北京商務印書館，年 1979 年 3 月），頁 191。

己在寫作達到治療作用（三）象徵性／儀式性模式：治療中對隱喻、典禮儀式和故事誌述的運用。〔註 100〕這三種模式涵蓋了人類所有的認知的、情感的和行為的經驗，將這樣的理論運用在李白詩歌療癒觀。

（一）李白詩歌接受性／指定性的療癒

詩歌療法中以接受性（指定性）的方式，乃是當事人接受治療師的引導，或指定閱讀某詩歌時，是因為治療者認為這首詩能帶給患者帶出某種療效，故稱為「接受性（指定性）」治療。」李白的詩因為其詩名，加上其詩句可朗朗上口，故常成為民間流傳的名言，故在其的語言觀詩句中，常寄寓著省察療癒的效果。如他對謝朓譽之為「文章清麗」，李白對於謝朓的推崇處則也只在「清」而不在「麗」，如李白說「中間小謝又清發」，再則說：「諾為楚人重，詩傳謝朓清；滄浪吾有曲，寄入棹歌聲。」（〈送儲邕之武昌〉）語中凡數見說到謝朓詩的「麗」處，卻幾乎隻字沒有談到「麗」之一字，可見李白自認清麗兼之有超越謝朓之一面。〔註 101〕在療癒上就可以指用李白的詩歌，或閱讀謝朓之詩，將會有「清」的治療與自療的功效。如李白常被引用的詩云：

床前明月光，疑是地上霜。舉頭望明月，低頭思故鄉。（〈靜夜思〉）

疑字開始從舉頭再到低頭，形象地揭示了其內在湧動，鮮明地勾勒出一幅內外遠近的月夜原鄉之境。短短四句詩，寫得清質素遠，立體如畫，事件是那麼單純，但情感卻又是那麼豐富，詩意是那麼容易理解，體貼卻完全無法寫出，然詩文的意涵比字面的話還多。詩的構思是細致而深曲的，但卻又是脫口吟成、渾然無跡的，不難領會到李白語言之「無意於工而無不工」的妙境。月光眞好象是地上鋪了一層白淨淨的濃霜；月色吸引著他，一輪嬋嬋素魄正掛在窗前，秋夜的太空是如此的明淨，這時他的原鄉，但對異鄉「陌生人」〔註 102〕來說，最易觸動生命之旅的懷思，想著、想著，頭漸漸地低了下去，完全浸入於沉思之中，也許謫仙也該回鄉了。

〔註 100〕尼古拉斯：《詩歌療法：理論與實踐》（南京：東南大學出版社，2013 年 6 月），頁 11。

〔註 101〕參考李長之：《道教徒的詩人李白及其痛苦》（天津：天津人民出版社，2013 年 9 月），頁 67～69。

〔註 102〕齊美爾（Georg Simmel，1858～1918）對「陌生人」的說明：「不是今天來明天走的那種過客（Wandernde; wanderer），而是那種今天來，明天也會留下來的人——也就是所謂的潛在的過客（thepotential wanderer）。參考齊美爾：〈陌生人〉，收入《社會是如何可能的——齊美爾社會學文選》（廣西：廣西師範大學出版社，2002 年），頁 341。

詩人朦朧地向上望去，在迷離恍惚的心情中，看到的是「眞實自我」。這種由月看到的形象裡的顯影，曾經讓其有痛苦或無邊的想像經驗，所以詩人這詩有著無限綿延的秘密。故朱金城說：「李白這首〈靜夜思〉既沒有奇特新穎的構想，也沒有精工華美的辭藻，它只是用極平常的語言，敘述遠客的思鄉之情，因此千百年來，幾乎成了我國古典詩歌中最受人喜愛和流傳最廣的名篇。」〔註 103〕李白也因這種眞實我的世界裡，隱藏了一些終極的東西，所以當他要進入這世界時，就必須要突破而入，才能進入那個完全不同的世界。〔註 104〕如今與過去不一樣，此時的眞實我的境界可謂完全不同，他必須大死一番，才能進去，這是因爲「古來聖賢皆寂寞」，當他只是「低頭」而不是喝酒，他的背後將計畫了一個偉大的行動，故以「酒肆逃名三十春」乃進行著某種修練，期致將來必有所圖。

後代民間常常會以古代名人的詩文，穿鑿附會的引用在生活中，經由古人的加持，或可以有神奇的療癒效果，再加上李白詩總是有無端漫衍，開拓視野的意境，乃讓人可以生發許多的「關係」性〔註 105〕其實，故他的詩不再只是文字的記錄，而是能以一種「相遇」的方式走進許多人的心靈世界，他正以「無意工而無不工，無情言情而情出，無意寫意卻意眞」的妙境〔註 106〕，於是乎讓人啓動某種做爲療癒的因子。

〔註 103〕朱金城、朱易安合著：《李白的價值重訪》（台北：文史哲出版社，1995 年 10 月），頁 194。

〔註 104〕參考黃龍杰：《心理治療室的詩篇》（台北：張老師文化，2000 年 8 月），頁 104。

〔註 105〕一則有趣的報導：某報報導一隻名爲「李白」的鸚哥，在張某的指示下，常以李白的詩爲遊客背誦。張某向記者顯示兩隻「鸚哥詩人」各名爲李白、杜甫。當主人催促「李白」背詩時，牠從口中吐出「床前明月光，疑是地上霜」這兩句就不再往下背。張某說：「李白的酒癮上來了，必須喝了酒才會背詩。」於主人拿出一瓶啤酒，倒了一點在的碟子裡給牠，一看到酒「李白」立馬來了精神，跳下來一口氣喝完。主人說：「酒喝了，得把詩背完。」話音剛落，「李白」乃云：「床前明月光，疑是地上霜。舉頭望明月，低頭思故鄉。」將〈靜夜思〉一字不漏地背了出來。

昨天上午，民間馴鳥人張正堯就帶著他那兩只能說會道、會背唐詩的鷯哥來到東莞，準備參加某景區定於國慶期間舉行的動物體育藝術節。張某給兩隻鷯哥分別取名爲「李白」與「杜甫」，唐代詩仙與詩聖的名字成了鸚哥的大名。雖然離國慶舉行的動物體育藝術節還有十多天，但是爲了讓「鸚哥詩人」熟悉環境，昨天上午張先生帶著他的鸚哥來到了東莞，「鸚哥詩人」也住進了隱賢山莊專門爲其設置的「鳥巢」裡。王雄偉、張良玉：（北京：天下奇聞報社，2008 年 9 月 18 日），〈天下奇聞〉欄。

〔註 106〕朱金城、朱易安合著：《李白的價值重訪》（台北：文史哲出版社，1995 年 10 月），頁 194。

其它接受性的詩例，如前述〈淥水曲〉、〈猛虎行〉、〈橫江詞〉、〈當塗趙炎少府粉圖山水歌〉、〈嘲王歷陽不肯飲酒〉、〈陪侍郎叔游洞庭醉後〉、〈贈段七娘〉等詩，都可以看到李白一種口頭禪似的，在不經意之中，就將其內心強烈的情感，油然地流露出來矣，他對生命的奮鬥情操也帶給人生命的衝力，都可以給人對情緒的執持予以解放。

（二）李白詩歌表達性／創作性療癒

詩歌療法的表達性（創作性）治療，乃以書寫來創作作品，或敘事其事，而化解心情的郁悶以達到治療。李白之詩歌意象，在天爲明月，在地爲青山爲綠水，在其手中爲美酒爲玉杯，詩歌常是荒唐無際，悄然流動於與酒、月、山、水之中，無形無色，可親可感者，風也。因無形色，故可融於物而不傷物，因可親感，故能引動七情而釋解六欲。李白這種詩不是隨意攀附、恣意想像，而是承傳前人的精神而大力開創。李陽冰在《草堂集》序中說：

> 盧黃門云：陳拾遺橫制頹波，天下質文，翕然一變。至今朝詩體，尚有梁、陳宮掖之風，至公大變，掃地併盡。今古文集，遏而不行。唯公文章，橫被六合，可謂力敵造化歟。〔註107〕

這是對李白開創功績的正確評價，他的詩歌在人生洞見、語言開創、表達技巧等對莊子有了創造性的運用與詮釋，其開創性有著不可猜測度的力量，如〈第五十二寒夜獨酌有懷〉中，批判當權者如「蒼蠅」、爲人所不齒的「雞狗」、不知輕重的「蹇驢」，批評高力士一類的宦官是「盜跖」，直批逆鱗以玄宗爲昏君等，乃在非理性的狀態中開創心意，以非邏輯的、非分別的語言開出驚世駭俗、波瀾壯闊的詩歌的療癒，將詩的靈性發揮到酣暢淋離，也療癒了後人不安的躁動。

故對後代的影響也極爲深遠，如中唐韓愈、孟郊大力讚揚他的詩歌，並從他吸收經驗，以創造自己的橫放傑出的詩風，李賀浪漫主義的詩風更顯然是受過他更多爲發的。宋代詩人蘇軾、辛棄疾爲代表的豪放派的詞，也受過他的影響，明清詩人高爲、楊愼、黃景仁、龔自珍等也莫不從他的詩中吸收營養。他那些「戲萬乘若僚友，視儔列如草芥」〔註108〕的故事爲傳說，被寫入戲曲小說，流傳民間，更表現酷愛自由的人民對他的共感與互鳴。感受到

〔註107〕李陽冰：《草堂集》1981，教入詹鍈主編：《李白全集校注匯釋集評》（天津：百花文藝出版社，1996年12月），頁1789。

〔註108〕蘇軾撰，孔凡禮點校：《蘇軾文集》（北京：中華書局，1992年9月），頁348。

李白的詩意念深邃，敘事中帶著深深的關懷，李長之說：「代表他精神上潛要的力量之大，這如同地下的火山似的，便隨時可噴出熔漿來。在某一種意義上說，正是爲『靈感』一詞下了一個具體的注腳。」〔註 109〕人的靈感不是由操控來的，他是偶遇的忽然，這忽然是因爲充溢的生命力想要抓住什麼東西，他只以詩歌來達到那效果，於是我們可以說這是一種自療與治療的效果。

李白以詩歌表達了他的自我主體，這也可以說這是藉由敘事來表達自我的心聲，以達到治療的效果。而「敘事治療」（Narrative Therapy），是一種重視語言、文化脈絡和態度取向的心理治療，以敘事作爲治療是一個對「現代主義」〔註 110〕的反思下的產物，敘事治療所要談的，就是簡單的「態度」兩個字；一個治療者對「事件」的態度、對自己和「生命」的態度。故敘事治療認爲現實是基於互爲主觀與語言所建構的。其不以病理的角度解釋人類行爲，而以解構主流價值的方式；以外化問題取代在當事人身上尋找問題；找尋操控言論力量的分析治療著重於教導人們找到他們遺忘的力量，發展一個對於心理困擾的新概念，運用新策略，視問題爲一種改變的，由社會建構的故事，並不是固著不變的，治療師的工作是去幫助人們重新編寫新故事的方式，使用各種輔助治療的方法，以增加說話理論敘說的影響力。吉兒引懷特的說：「文化故事會決定我們個人生活敘事的形態，人的生活藉著故事而有意義，經由他們生長文化的敘事和個人敘事，他們的建構與文化敘事有關」。〔註 111〕所以李白敘事改變自己的心態，他創造了有關於問題與生活的故事，並且將之外化爲「物」，「物化」之後的自我，已然適性，故自我已經得到了解脫。

李白表達的詩意象總有著「無理之妙」，如以月爲對象的詩中，人攀明月非現實，月行人相隨也非現實。又在相隨不相隨，是人的主觀感受，是人的情感的表現，這種情感的特點是月亮對人既遙遠，又親近到緊密地存在，以

〔註 109〕李長之：《道教徒的詩人李白及其痛苦》（天津：天津人民出版社，2013 年 9 月），頁 30。

〔註 110〕現代主義，重視因果、實證與客觀的眞理，此想法下的「人」是病態、充滿疾病，並且可以被切割成一個個器官、或被歸類在不同的範疇來討論。表達就是一種敘事，敘事治療是目前漸受重視的療法，是後現代主義的產物，對於主流文化有深切的反省與批判，目前在亞洲地區已漸漸深入接觸。參閱 Martin Payne 著，陳增穎譯：《敘事治療入門》（台北，心理出版社，2010 年 9 月），頁 32～33。

〔註 111〕吉兒·弗瑞德門（Jiff · Freedman）、金恩、康姆斯（Gene · Combs）合著，易之新譯：《敘事治療——解構並重寫生命的故事》（台北，張老師文化，2011 年），頁 68。

一種荒唐之言，把讀者帶進了一個超越現實的境界，屬於天眞的、美妙的境界中。故潘麗珠說：「詩人把他們對色彩的感覺，表現在詩歌裡面，借著詩人的情思、描繪心靈的圖畫，帶領讀者進入他們的內心世界。」〔註 112〕李白創造的詩意，常見美妙排麗的色彩，讓意象顯得鮮亮而立體，也讓讀者隨著其心境的不同，引導到那充滿多采多姿的豐富之感。而李白的敘事詩歌提供治療一種途徑，以自我信念當基礎，信念來自於社會脈絡甚於人本身，透過文化的歷程，例如李白從道走向儒，從方外到方內，於其內在產生不相協調的狀況，故文明內化的問題加諸於當事人身上，這些內化的文化壓迫性想法及政治性議題，他以詩經由檢視與外化而解放，獲得自由。

（三）李白詩歌象徵性／儀式性療癒

象徵性（儀式性）的治療即對隱喻、典禮儀式和故事誌述的運用來達到治療。李白把萬物當成自己，人類與萬物共通的，也與自然共通，李白「同於大通」地描寫著這宇宙自我。儀式是一種敘事方式，也是一種療癒方式，更是一著發洩的表達。當人以某種儀式、告解、對話等，當人在進行這樣的動作時，有著自我的存在、經歷和痛苦，都影射著此人所浸潤的氛圍，這樣的心境被表現出來時，是一種深刻的觀照和奧秘的寫照，人與天正在進行一場交流，這種交流應獲得最高的嘉許和敬畏。此時行儀式也正在尋求心中疑慮的解答，儀式的創作力是人性的本質，詩人的歷程就是個極富創造性的過程，李白的詩中，對酒、月、天的詩句，似乎都在進行某一種儀式，使其心能不斷的塑造、發展，最終轉化爲一種新穎的思維和行爲。此時不論是作者或讀者，能「以詩性的表達、詩的意向和象徵可有助於人們改善現有的生活。」〔註 113〕故在每一次的進行中，他的思想重新被發掘與體驗，新鮮的措辭潤飾著那些舊有觀念，並修飾著人的經歷、理念和意象、心的比擬和隱喻圓融流轉、互爲滲透，就好像天人之間的對話，已然沒有隔閡。當你將抒寫的文章分享在站上，如同悠遠的、不凋零的情感，被一次次的烙印，成爲一種存在的價值。如詩云：

> 一語已道意，三山期著鞭；蹉跎人間世，寥落壺中天。獨見游

〔註 112〕潘麗珠：《盛唐王虛詩派美學研究》（國立臺灣師範大國文研究所，碩士論文，1987 年 5 月），頁 103。

〔註 113〕尼古拉斯著．瑪札亞丹、帥慧芳譯：《詩歌療法：理論與實踐》（南京：東南大學出版社，2013 年 6），頁 99。

物祖，探元窮化先；何當共攜手，相與排冥筌。（〈贈饒陽張司户燧〉）

李白正處於天人合體的狀況，對於物祖、探元、冥筌都是是隨手拈出，毫作造作之感，這說明他是象徵著一種回歸原鄉的心理投射，雖然在人間遊玩時蹉跎了一下，然說如今他了然於心，他來自於那裡，如今又回到那裡。

李白以自然為淨化，將詩意帶出一種領悟的作用，是將詩的智慧寄託於有趣的故事連結之中，以旁敲側擊的方式提出引導，較容易被人所接受，進而達到「心嚮往之」的寓意。常常閱讀李詩，其以儀式做為象徵，常有妙入無聲的頓見，如陳繹曾云：「李白詩風，宗漢魏，下至鮑照、徐庾亦時用之。善找弄造出奇怪，驚動心目，忽撤出，妙入無聲，詩家之仙者乎。」〔註 114〕李長之說：「這宇宙思想，我們看了覺得太玄，或者覺得近乎迷信，但是一入於李白的手，表現在詩歌裡，我們卻只有覺晶活潑灑脫、清麗飄逸了。」〔註 115〕故古今以來凡閱讀李白的詩，總是被其詩文賦予某種暗示的力量，如仙人之手正在背後推動，自己正在做的事，故必得到療癒的助力。

以李白的詩歌做為療癒省察，當人的心智模式產生自我認同時，這是與著文化背景有著關聯，當人的內在狀態，如潛意識的需求、本能、渴望、動力、意圖、個性、個人資產等，也包含意圖狀態的類型，如目的、熱情、探索、期望、夢想、願景、價值觀、信念和承諾等。人們以內在狀態與意圖狀態做為心智模式，乃為自己的自我認的結論歸類，這些認同決定了生活的次序，透過這些狀態所屬的價值觀反思而獲得進一步發展。〔註 116〕李白的詩歌書寫或閱讀，可以引起許多自我認同的產生，這些詩的文字與意境可讓讀者有機會針對這些省察，而與之對話，從而讓自己進行敘述性分析，也從而生發療癒的效果。

第四節　小結

本章從道家的語言所開出的療癒觀，乃知道家乃自超越心體含攝一切來言說，以化開兩邊，自爾渾化，老子教人「虛而不屈」、「滌除玄覽」；莊子處

〔註 114〕瞿蛻園引陳繹曾：《詩譜》，收入《李白集校註》，頁 1872。

〔註 115〕李長之：《道教徒的詩人李白及其痛苦》（天津：天津人民出版社，2013 年 9 月），頁 60。

〔註 116〕麥克·懷特（Michael White）著，黃孟嬌譯：《敘事治療的工作地圖》（台北：張老師文化，2011 年 5 月），頁 94。

於「無用之用」;「吾生也有涯，而知也無涯」不受感官干擾，不受思緒擺佈，不得已要使用語言，使之放諸開放之心與實相接觸；所以老子強調「正言若反」、莊子說「得意忘言」、郭象提「寄言出意」，都是教人讓自己在大自然下，無待品味一切，不要特意去思考，不做任何評論，甚至不用言說：「自然之美」人一旦知道這是屬「詩」的滋味，就知道生命的意義，以「無」來化解自我的、意識的、思想的知見，這是道家的觀照療癒。

觀牟宗三對道家「語言觀」的論述，即以非分別說、玄理式、圓教式的道說，此乃非邏輯的、有無徼向性及整全照顯爲關懷。本節又兼採海德格體現的道的思想來說明，如云：「語言是寂靜之意，是無聲的大音，這種語言乃是大道的運行和展開，其實不可叫語言，而是以『道說』。」〔註 117〕其後期以朝向大道爲發聲，乃受到了道的啓示。蓋常道一直不斷、反覆的說唱，而其說唱又是天籟的交響與氣化流行，所以表現出不一不異的言語，牟子發現到道家的語言觀，乃不肯定二元的世界，故以玄理的方式，將二元的說法再換上新的外貌，乃正反合一的方式，爲道家開出來一條通路，正如其所述：「從它那個通孔所發展出來的主要課題是生命，就是我們所說的生命的學問。」〔註 118〕這生命的學問乃爲三教所共，亦爲本論言詩性關懷與療癒的論證。

李白的詩歌語言有浪漫情感、高度想像與比喻性、語意清新豪放、長於七古與七絕。詩歌大多是直抒性情，他的詩具有強烈的自我表現意識，他對現實生活重在表現自我，他以詩抒發自我的感情，使他的詩具其有主人公的形象，從他詭辭般的語言來看，李白不斷在世界中挺立自我，他只寫一個巨大而變化的自我，我像什麼，我說什麼和做什麼？他熱愛生命，瞭解自己的存在狀態，以詩表現他原始生命的力量，並從中發現意義。他以浪漫情懷來表達生命的自由，從其語言觀來發覺，李白詩展現自我生命的深度，而他「相遇」命運的艱難時，用詩歌詮釋存在的結構與意義，並自由地選擇自己的方式，從外在的神仙嚮往到對自我的安適逸閒，從對外在理想追求的失落，進而轉向內在超越的層次，層層生命試煉，使他「詭辭爲用」的語言，以詩推進了「道」的整全性，並要將人類帶入超越的化境。

〔註 117〕海德格著，孫周興譯：《走向語言之途》(台北：時報出版社，1993 年 10 月)，頁 20。

〔註 118〕牟宗三：《中國哲學十九講》(台北：臺灣學生書局，2002 年 8 月)，頁 15。

第六章　結　論

道家療癒乃是建立在日常生活的基礎上，道家提供一種原理與方向，以這樣的思想讓個人可以通向宇宙天地，天人整體都是受到關懷。道家以「自然無為」用在社會人群時，能提供新的療癒思維，其療癒的建立，是以圓滿整體觀、自然觀、無為觀，來面對疾病、障難、乃至是死亡等所產生觀照方式。道家認為天地人是一個整體，世間疾病是自然的一部分，化解一切不協調所產生的病，就是要用自然的、無為的方式，這方式乃是屬於療癒觀點，而非對治的觀點。西方的「治療」觀點，是指我有一套方法、設備、技術、醫藥……等，可以幫助你解決病痛的問題，當人頭痛就治療頭痛，當人腳痛就幫你治腳痛，只要將人的現象的症狀消除，就達到了治療的目的。這種從外在人為介入的、局部的方式，卻是道家所要摒棄的，因為道家的療癒與西方心理治療的觀點及作用乃可以有所比較與對話。又依牟宗三的道家美學為參考，其提出智的直覺、主觀境界、作用保存與詭辭為用等論點，其對人生亦懷抱著關懷的內涵。最後以李白詩歌作為例舉，做為人生省察的運用，並為道家療癒學的例證。以下乃綜觀本論文所論述的觀點，就道家思想、牟宗三、李白詩歌、諸心理治療等做出結論。

第一節　道家觀照與療癒力的回顧

道家的「無」讓老子作為整體的觀照，人類會生病，其病徵乃在於整個生活文化生病，故林安梧說：「依老子書來說，其徹底的診斷可以說是『語言的異化』，而提出的藥方則是存有的治療。」〔註 1〕「道家存有的治療不是經由意義而起的治療作用，……而是要我們回到意識之前的狀態，那是一種主

〔註 1〕林安梧：《中國宗教與意義治療》（台北：明文書局，2001 年 7 月），頁 147。

客交融，無分別相的狀態。」〔註2〕人們橫面的執取所認知的定執，只有以「道」能將全體做整體的治療，如云：「道生之，德畜之，物形之，勢成之，是萬物莫不尊道而貴德。」（〈五十一章〉）道讓人人回歸自然的和，讓天地生命得到整體的觀照，而人與一切萬有的糾葛也全放下，進而得到保全這就是「德」。

一、道家「本體觀」的療癒

乃是要從「無」觀起，乃直指生命的源頭，是不造作、不執著、不主宰的觀照，當人能「無執」，就不會有對立，身心一體的、物我也是一體、天人也是一體，包含萬有與整個宇宙爲一體，一切都是自然無爲，道創生與提供一切，都是自自然然，是有情有信的化育，讓一切沒有對立抗爭，源頭就沒有污染，生命之流就沒有病情，故也不需要治療，這是道家「本體觀」療癒觀。

有道德的人能夠放下心中的情緒，就能一直與自然同在。生活的一切都與你息息相關，而人卻無所不用其極地想要趨吉避凶，強力地要用藉用各種外力想要召喚幸福，這種心態執持的代價，使天地用另一種方式襲擊人類世界，或是暴風雨、或是乾旱、森林大火、霧霾、暖化等來反撲。此時人是否能自覺，人憎恨的本來是自己所渴望的，在討厭與想要之間出現了不平衡，成爲一種人世間的異化，異化是不自然。道家認爲這不自然也只是一種現象，只要如其本然，現象也就可以化解，故破碎的心即是最完整的心的開始，危機就是一種轉機的示現，人如果能「回歸」、「體無」，讓最深沈的痛苦化爲療癒的機會，便能化除對立面的束縛。現實總是帶來太多的喜怒哀樂的刺激，爲了逃離這些刺激所帶來的痛苦，精神會讓大腦以失常的方式來回復自然；所以當人性受到太多的折磨與壓力，大腦也會選擇用失常的方式來自我保護。老子說：「知常曰明」，故面對失常者，不要急著批判，因爲失常其實也是一種正常，了解這一切的整體連續性，才是一個「明」人。

二、道家「境界觀」的療癒

以「虛靜」「見獨」、「逍遙」、「生死」等觀照，來開出道家「境界觀」的療癒。老子強調「致虛守靜」，莊子則以「心齋」、「坐忘」到「見獨」，建立了「體無」的工夫與境界。老子是生命的觀照者，他與樹木、河流、雲等生活在一起，他注意看到生命，試著去了解生命，不用任何自己的模式強加在

〔註2〕林安梧：《中國宗教與意義治療》（台北：明文書局，2001年7月），頁140。

其上面，他只是讓一切發生。莊子的心齋，是去除心的執著；坐忘，是化卻人為的造作；見獨，則是體知此心即道，人的內在具有這獨一而生化之本源，心與道通而為一，萬物來自於祂，又回歸於祂。莊子的體悟，藉語言而不拘泥於言語，他的心總能與萬事萬物相通，語言是道的表達，他以詩的手法轉為一種境界的觀照，並在浪漫、奇幻、高妙的獨見語言，來表達見獨的眞實，一如天地、古今、人事、萬物都融攝在他主觀的詩境。而道家所追求的最高境界乃是「無竟」(〈齊物論〉) 境界，即「忘適」的境界，即忘是非、不內變、不外從，進而追求連安適本身也要忘卻；也即是去除一切執著，連追求的終極目標和境界也要忘掉。道家的自然無為，也就是讓天地顯現其本眞，道家教人進入一種完全自由而沒有任何桎梏、病難的生活。

三、道家「作用觀」的療癒

道家以「不德有為」、「無用大用」、「遊戲人間」等作用來展開療癒的觀點。以道的自然無為不會自以為有德，因為「不德」故讓萬物自生自長，各得其宜，不認為有提供恩德，所以萬物也不知道要感恩，這才是不德有德的眞實。道看起也沒有什麼作用，看起來是「無用」，正因為其無用，讓天地萬物可以自在的生活，這正是無用之實用。道將天地創生當做是一場「遊戲」，循環返覆正是其軌跡，以其「不仁」讓一切自生自能，故實踐道者也常常用遊戲人間來彰顯「道」，故看起來像消極的，但是作用上是積極的，因為道不代表什麼，卻是代表任何的一切。在大道的觀照下，人人只要能回歸自然，任何的生活情境都會得到保全。但人心的生活面的拖引之下，有了定執的心態，故了造成了「異化」，這樣的異化就形成了僵化的文明，以及人心的固執，也產生了各種病狀。如老子云「大道廢，有仁義；智慧出，有大偽；六親不和，有孝慈；國家昏亂，有忠臣。」(〈十八章〉)「絕聖棄智，民利百倍；絕仁棄義，民復孝慈；絕巧棄利，盜賊無有。」(〈十九章〉) 等說法，這種異化的現象，乃使人失掉其無為之能，而以濡沫為生，而道家著重在背後原因的探索，而不是因果的相續，這是因為人有所生，必想要擁有，想要做主，如此以仁義之心正好化消了人民的生，聖智的有為正好擋住百姓想要自主，王邦雄比喻：「仿照『智慧出有大偽』的語式，我們也可以依樣畫出另一個『醫藥出，有大病』的葫蘆來，這就是老子「正言若反」的作用模式」〔註3〕，此亦是牟宗三所謂「作用的保存」的意義。

〔註3〕王邦雄：《老子道德經的現代解讀》(台北：遠流出版社，2010年2月)，頁92。

四、道家「語言觀」的療癒

老子提「正言若反」、莊子以「得意忘言」及郭象的「寄言出意」爲觀照，他們都嘗試要表達「道」。從道家的觀點來看，即境界即工夫、即工夫即境界亦即本體，故本體工夫與境界是分而不分，因爲人可能也會被工夫所套縛，被世間聖人所困住，工夫無窮無盡，聖人的經典也是永遠無法讀完，此生命也沒有超脫，然而工夫還沒有做熟，如何能得救呢？人的生活一定要從無止盡的歷程中超拔出來，跳開歷程，擺脫經典，連工夫也要放下，甚至連「忘」的本身也沒有後，此之謂圓頓，此之謂坐忘。

知道者是「爲道日損」，不知道者是「爲學日益」，道的語言是表達一種生命的路徑，因爲對於外在的負累不斷捨除，而能存全天眞。如老子言：「夫唯病病，是以不病。聖人不病，以其病病是以不病。」（〈七十一章〉）不知道者因心知日增，外在的知識不斷累積，負向的生命也不斷增加，因而失落本有的天眞，日常的所做所爲成了「病」態。這病乃出於不知道以「無」虛靜以觀，身體只是此生的工具，藉我今生而用，用久了自然崩壞，有終要歸於無，故在這過程，只有「病病」的知，就不會有「病」的不知，聖人不走向外求治的知，正屬於無執的「病體」觀，所以其正視人生的病痛，卻不爲病痛所苦。其身體修持保持直觀，以實現身體場域的交融；身體就在人與自然之道無限豐富的視野中開放，在身心宇宙交融的身體場域裡潛移默化著人的生存狀態，這是道家之「知」的。

道家療癒觀重在一體的「用心若鏡」的觀照，人是生活在天地之中，人必須與人互動，也必須與萬物交流，所以一個人會生病必須從他與天地人物境等的面向來省察，要與一切和諧，就是回歸自然。道家觀點，也正是提供了一個整全的療癒，如林安梧說：「把存在的情境與心靈的意識密切結合起來了」〔註 4〕當人們恰當地安頓這生活的環境，人的內在意識就各個恰當的生長，這是道家療癒的觀念。

第二節　當代新道家關懷與療癒力的回顧

以牟先三爲首的當代新道家，或許推牟子爲當代新道家的開山祖師，對於當代新道家的美學範式，筆者亦嚐試研究之，將其內容開出「智的直覺」、

〔註 4〕參考林安梧：《新道家與治療學——老子的智慧》（台北：臺灣商務印書館，2010 年 6 月），頁 124。

「主觀境界」、「作用保存」、「詭辭爲用」等理論，期建構出當代新道家體相用哲理的架構，此發明於老莊思想、承繼於魏晉，乃屬於薪火相傳的脈絡，使道家思想的哲理，呈現「當代新道家」的關懷與療癒的展現。

一、「主觀境界」關懷療癒

牟宗三「智的直覺」對「本體」的關懷與療癒，從「無執的存有論」之理論，關懷到「人可以有智的直覺」，援引中國先賢的智慧，說膽直覺不再只屬於上帝，是人天生有之，每一個人都因能逆覺體證，開展「人雖有限而可無限」，這是其「智的直覺」的關懷療癒。牟子以「體無用有」的觀點，來說明天人關係整體性，無論面對任何狀況，人都要能依此自然自在地去面對它；「無」的依憑與保護，代表可以觀照地化解負面及威脅的力量，直覺生命的表相並不見得是實相，即使最痛苦的狀況也包含光榮與靈性連接的可能，故當人遇到黑暗時期，遇到病相的折磨，那是生命的過渡，不必刻意驅離之，將之視爲一個自然整體，分外的仁慈。道家的療癒是教導人們認識的無愛的大愛，從直覺的角度來看，每一種關係都在傳授無價的教訓，學習無的藝術乃能避免重蹈覆轍。

牟子的「主觀境界」乃是因爲人有實踐及超越性，從而能內開顯，蓋道有其大、逝、遠、反的徼向性，那就是人不能超過天地之間，人必須活在天地之，這才是「人法地、地法天、天法道，道法自然」，只要眞正體會這個樞機，就是要回歸赤子之心，要回到生命的理想根源，整體的根源，這即是「主觀境界」的開顯，同時也是回到事物的本身，人還是其人，物物各適其性，人是不再有窒窖、不掠奪、不主宰、天人縱貫而人能相傳，故「主觀境界」是以「致虛守靜」來達成，是一種主動積極的關懷療癒。

二、「作用保存」的關懷療癒

以「無有」的徼向爲作用爲關懷，道家以物質環境不必刻意去改變，人不必執著有限軀殼的自我，應當體察此變化的總原則，求宇宙生命的源本，而與之合流。故以「如何」達到關懷爲進路，當人觀照到生命是萬物俱備的，與宇宙的總生命，是二合一的，這是「作用保存」的關懷。故對人人、人物、人境、人天也是現象的兩重境相，強調「得其環中」，以解開現象的對立，其境界即超越彼此對立，對一切屬人知之相對認識和判斷都能完全包容且統一的最高的精神境界，以作用的來化解，保存那實有的道體，故達到眞人觀的「無竟」。王邦雄說：「命是傷心的終站，緣是再生的起點，故命是文化本身終極救命的妙方，一切都可以放下了，不用苦苦背負『至此極者』的理由，放下就得救了。」〔註5〕體無而能用無，這是道家赤子的人格，此即因絕對本體之道基於「無窮無限」的特性，故能夠包容世界的一切相對，人以健康的生命卻要面對傷痛的病情，道家以預防理論乃人本來無病，在世間乃是不見病命的差別，蕩相遣執的病命的化解，而呈現無執的生活。又以「文化」爲關懷，老子的絕棄仁義聖智，並未否定仁義孝慈的美善，他是反對人爲造作的道德規定，故王邦雄認爲：「絕棄，是致虛極、守靜篤的心靈靈修養，不涉及『存有層』，而純屬『作用層』的虛靜工夫。」〔註6〕當人不執著我在做好事時，心就得到了虛靜，卻因而有觀照眞相的智慧，當人世間的條理不再成爲束縛，則人人不干擾、不掌控、不助長時，就可讓人人回歸「無事」，因而可以化解各種昏亂、盜賊等現象，而文明病情從而得到了療癒之道。

三、「詭辭爲用」的關懷療癒

對道家「語言觀」的再開展，牟子從「非分別說」的關懷，乃不按順序、不按邏輯、「玄理型態」的關懷，老子以「見素抱樸，少私寡欲。」來處理人世的紛亂，當人不認爲自己是在打天下，也不再學追逐的智巧，也不必要學習方法，把天下還給天下，把百姓還百姓，一切回歸其自然，暨其「圓教論說」的關懷，則是如老子云：「善者，吾善之；不善者，吾亦善之」（〈四十九章〉）人心回到原點，把人人的生命歸零，當人面對生命中的傷痕，並不意謂著猛然掀開舊創疤，傷痕在道潤中撫化，讓自己轉化成新生命，更圓滿的活在當下。生活是生命的隨時展現，熱情的生命在於整合自己的每一部分，以不尙賢、不貴爭、不對抗、不排斥，讓一切所自然的運行，遠離驚恐焦慮、超於寵辱之上，這就是道家的詩性，這詩性是一種生活的修養，生活的行持重在專注，覺察時時在位，讓眞人做主，要讓自己隨時專注就要有所訓練，正是「專氣致柔」之道，專一於，無執的道心，讓自己寬柔地應世。「氣」是一種自然無爲的存在，讓自己的心處於無爲，就更可以達到柔的工夫，是「詭辭爲用」的關懷療癒。

〔註5〕王邦雄：《莊子內七篇・外秋水、雜天下的現代解讀》（台北：遠流出版社，2015年4月），頁355。

〔註6〕王邦雄：《老子道德經的現代解讀》（台北：遠流出版社，2010年2月），頁95。

第三節　李白詩歌省察與療癒力的回顧

詩歌療癒概念展現出其詩歌是清除主客二分性，強調療癒自我爲表現，是李白的詩存在方式，是引入賞析作品時，參與療癒的實際性，詩表現在無執、自然、有情等方面，都那麼樣的即性拈來，不假人工雕琢的美，故其詩是心靈澄澈時的呈現，老子以「玄牝之門」的虛奧之美；莊子強調「同於大通」、李白的「開門見山」等療癒之效果，以詩能通意志的無何有界，是詩的生命之本眞。

本論描述李白所開出的浪漫情志，不但成爲一種意義冶療者，更使人在命限中開發安適放懷的修爲。其風格即爲人格，直抒感情，磊落天外，且在風格中開顯自由境界，讓人一新耳目，連繫了向上一路的匯融，使得「詩」成爲安頓人生的道。李白的詩歌的特點，首先表現在發乎大鵬的巨大自我，藉詩以達遼闊之本眞與美善。以本體觀點來論，道乃看不到、聽不到、摸不到的萬物之根源。道以「無」一概念來詮釋，道之功能是生生不息，是萬物之奧，一切天地萬物的根源，但當一旦要表達出來，那就是屬於詩，以個體透過審美主體的掌握，並能以隱喻的詩學以及工夫境界而通達道，如此便能不期然的與詩邂逅，故本文對其一生的形象，比喻爲「陌生人」、「多餘的人」到「流浪者」，最終成爲達到意義的人，亦成就其詩歌中的一代教主，爲後世所仰望。

一、李白對道家「本體觀」的省察與療癒

其以一種自然自在，如我醉欲眠的無執作爲，因爲對於「我」若有所作爲，他雖想有所作爲，然其一切努力不久就又會被打成原形，他的原型是屬於「詩仙」。就好像他不一定想修行，卻「有人」令他修，不是要放棄世間卻「有人」要他放棄，這「有人」也許可以說是一種命限，所以這樣的困局，反而能使他單純與自己的心同在，更深層地對人生的進行觀照，然而要能自在地領受這豐富樣貌就需要人生的歷練。李白的示現同時也對人們訴說，人都有此智的直覺、雖有限而可無限，這些觀照總是不停地在提醒自己，我們追逐各種行動或被各種行動追逐，好像是行動的傀儡，有時看來甚至像個神經錯亂的人，使人們忘卻可以活著的時間只有現在，當下才能把握這一切，不要忘記自己才是行動的主人。這乃是李白的醒悟，就是用詩歌寫下這一切，詩是他的修練以及治療，這是其詩歌在對這樣人生慣性反應提出質疑的時候，他必須靜下下來，省察這一切，於是他用詩不斷提醒自己，省察自己，從而也開始療癒自己。

二、李白對道家「境界觀」的省察與療癒

從「虛無」、「孤獨」、「自由」、「生死」等省察、其似乎能面對各種「境界」，他以政治不遇，發覺權力富貴的「虛無」，從而能因此掌握無執、放下，用詩性來觀察這一切，詩人能在虛靜中進入同在領域，在覺察中安於剎那即永恆的圓滿整體，那是「獨」的主觀悟入，以此「獨」爲人生之「洞視」，可以促進並推展個人內在深層的轉化，這轉化乃來自於他對「自由」的體察，以遊仙、盡酒、狂歌來省察人生，並超越了生死之療癒。李白的省察療癒是以圓滿整體的視野，對疾病、困頓、甚至是死亡，產生不同的連結方式，療癒來自一些生活點點滴滴的觀照與實戰，這些方式讓他進入安住覺察的廣闊境界，他以詩讓其在這時空裡看到並擁抱自我，對於身體的不安、限制與脆弱，在此寂靜的片刻，人將領悟使身體上可能有各種病痛當下化除，即便自己可以隨時會死，或接下來可以會發生什麼事，無論如何李白確實體現了那圓滿整體。

三、李白對道家「作用觀」的省察與療癒

從道家「不德」、「無用」、「遊戲」等面向來省察，李白療癒詩例，他開始以替天行道的俠者來進行一場清君側的行動，這種看似「不德」的行爲，卻也是他最驕傲的時刻，因爲只有淘汰那些只知權貴的人，整個國家百姓才有生存的機會，這是他的初衷，而作用的效果就是成就那存在的有德。李白刻意且直觀地在那當下作明智的抉擇，這樣的堅持是無關乎成敗的，每一件事情總是隨時地變化無常，當他的初衷不能被實現，現實看來是「要用」，他能把自己的才能止息在開放廣闊的覺察，對於整個局勢，讓它自行達成和諧，那就是詩的表達，進而展開他的人生大用。當他能放下抗爭進而調適自己那就是療癒的歷程，他以詩的無爲進行著「遊戲」的療癒。李白的詩是遊戲活動的主體性，這主體並不是從事遊戲活動的人，而是遊戲活動本身；同樣的，李白的詩歌是遊戲的自我表現，遊戲是活動者自身意願的表現，即以詩成就其特有的自我表現，李白詩歌亦是在進入人的理解之中，在彼此的交互作用當中，從遊戲人生中獲得療癒的作爲。在李白理解活動中詩是其所表現的意義，其實便是李白體道作用的理解及內容，但對於讀者而言，遊戲是在觀看者之中進行的。即李白詩歌的療癒意義也是相對於讀看者而存在的，只有進入到讀者的理解活動當中，李白的詩才眞正的存在，對於療癒眞正意義的實現，故詩歌療癒效果對人是具有積極的參與作用。

四、李白對道家「語言觀」的省察與療癒

李白的詩心並不是單向的傲然獨立的物，其首首尾相貫的往復之觀照，是每一個物的存在，也是整體爲一的根源性存在。從道家「正言若反」、「得意忘言」、「寄言出意」等觀察，李白乃符合道家的語言那種非邏輯、非分別、非正面解讀的運用，他能從形象各種牽連中超脫而至坐忘，從兩行而化其道，他常能體現道家的語言，並不只是回歸到那不可說的「存有之在其自己」而已，更值得注意的是李白也每以這樣的詩境道出天地之情，如詩云：「太白與我語，爲我開天關。」（〈登太白峰〉）是以天地爲我之用，這是道家語言的體現，其每以主觀色彩，將獨古人萬物當作第一人稱的代用語，讓其完全成爲他的化身，這是以人匯天的方式。

李白詩歌對照於道家詩性而言是完全是融合的，詩文字是顯性、屬於陽、開顯的動態作用；而思緒情志是隱性屬於陰、凝思的靜態功能。李白詩與道家詩學相合，閱讀起來能專氣致柔，化解僵硬現狀，培養以柔克剛的耐性。李白詩與道家詩學素樸的單純性是一種美感的表現，道家有無言之性，彰顯存有之道；亦同具有詩性，詩性是藝術的特質，而藝術的價值在於眞善美。當有許多人罹患嚴重的抑鬱症或焦慮症，疲於應付苦難，根本就不清楚活著的價值所在，而李白詩開出「道」的無執性，而道家詩學要人無爲、放下、不造作，人依此觀點，回歸智的直覺及核心價值的態度，能帶來心理健康，得到心身的療癒。

綜觀李白詩的特色總與道相合，他的詩是人的思想沉澱後的最精緻詩學的結晶品。有如下特色：1. 李白詩歌乃人生修練後的智慧，以體無的開顯直揭人生的病根。2. 李白詩屬於無邪而天眞的，詩能夠使心靈得到寧靜，淨化心靈，其詩可看出道家強調虛靜之方，以虛靜得以淨化人世的紛亂。3. 李白的詩具有歌唱的涵義，歌聲除了唸詠心聲，還能抒暢情志，同時詩樂舞又是同用而共體，提供人想像力的開發。4. 具有開顯性，當存有之道時常隱藏，必須藉由道的思考將其開顯之，李白詩以無執的本質，最具的頓悟的功能，以無而能掌握有。5. 李白詩歌具有光明、色彩繽紛、溫暖、撫恤的特性，詩也具有凝神之思的意涵，凝神而能通道，又能撫慰受創的身心，人得則精氣神貫通而重新奮起，故身心達到舒暢，則遊刃有餘、得全生之道。

第四節　整體回顧

道家療癒學的歷史傳承，也是中國歷史的各種流傳物，它們在經驗歷史中流傳，它們所傳遞的，是必須參與其中才能獲得的開出眞理。莊子曾說：「有眞人而後有眞知」，故理解與傳統密切相關，理解不是某種活動，理解是一種發生，是一種遭遇，一個事件；理解比方法更為基本，使用方法必然在理解之後。故本節以道家詩學爲體、療癒爲用，是出於因爲歷史間距是不可克服的，成見就是理解眞理的先決的條件，故而源自個人的歷史成見，不可能完全消除。以道與詩境爲理論、療癒爲作用，嘗試一種「視域融合」的開顯論述。

一、道家與療癒的視域融合

道家詩學乃是在以不同態度對身心、文明等進行「療癒」，如此眞正可能創造出新的文化，這就是傳統眞正的價値所在。〔註 7〕如賴錫三說：「在詩性的聆聽性思考中，任其自然之心境，實乃完全融入了自然而然的大化流行中，但這只有在自然而然的大化流行召喚中，美心性的觀靈才能眞正發生。」〔註 8〕道家也是「若反」於傳統，但他並不是與人們對立之物。事實上，人們之於傳統之中，傳統是十分透明的媒介，正如魚不能察覺水一般。這是對道家詩性的直觀是一種人生詮釋，人承受於歷史的給予豐厚遺產，在時空環境下，我們已經被賦予生成某一深層的思想，這傳統的思想有可能成爲禁錮，也有可能再另一種開新，而道家提供人們不再受某思想所掌控想，人不應以自我的知見是，放下主宰的念頭，依就此傳統持續開向存有之道，亦即讓人自在地活在這「道」的理域中，乃是道家與療癒正是在「視域融合」的展現。

從伽達默爾詮釋美學追求把握文本作者原意的傳統，全面肯定理解過程中產生差異的合理性，推崇讀者對作品意義的參與，推崇作品在現時的意義，使得詮釋學理論向前一步的發展。伽達默爾認爲「成見」並不是一件壞事，它是瞭解新事物必須的前理解，我們之所以能夠理解一篇作品或事物、境遇，並非是以一種「空虛意識」面對當下；相反，我們早已具有一種面對境遇的

〔註 7〕袁保新說：「老子圍繞『道』一概念所展開的形上思考，與其視之爲一套玄之又玄的、思辯性的形上體系，毋寧視之爲一套回應文明危機、深具存有學理趣的「文化治療學」。除了文明治療的觀念之外，筆者亦視爲可以做爲身心靈修養的療癒之學。參考氏著：《從海德格、老子、孟子到當代新儒學》（台北：臺灣學生書局，2008 年 10 月），頁 261。

〔註 8〕賴錫三：《當代新道家——多音複調與視域融合》，頁 68。

意向、一個既定的視見方式和某些觀念上的前概念，惟有透過當下的意識，我們才可能觀察、理解歷史。西方學者多認爲「成見」是一種和理性對立的力量，而伽達默爾卻以正面方式說明成見是人的歷史存在狀態，它與歷史相互交織，成爲理解的基本「視域」（horizon）。「視域」一詞的字義是「地平線」它的涵意爲：個人必須在其歷史的存在中，展開理解活動。由歷史所形成的「地平線」，決定了一個人的理解視野。這是伽達默爾重新肯定「權威」和「歷史」，是詮釋的基本出發點。

當理性與傳統並不是相互對立的力量時；理性只有以傳統力量作爲中介，才能發揮作用。更積極地說，傳統反而會爲認識的進一步發展提供多種的可能性。當人帶著自己的歷史「視域」去理解某種歷史作品時，兩種不同的歷史「視域」必然會產生一種「張力」（tension）。此時人必須擺脫由作品自身歷史存在所產生的「成見」，但又不能以自己的「成見」任意曲解其理解的對象。只有在解釋者的「成見」和被解釋者的「內容」融合在一起，並產生出意義時，才會出現眞正的「理解」，這種過程稱之爲「視域融合」（fusion of horizons）〔註 9〕。這樣的理論用之於道家思想是可以接洽的，即道家也是享在歷史的視野來觀察人生的張力，他們以其「成見」和當時的現實「內容」契合在一起，並進而產生對現象的詮釋，甚至是化解的方法，不斷爲活在時代中的人們提供超越的意義。

其思維與道家的觀點甚爲相合，蓋詩性美學從感性的或知識的層次，乃融攝了眞理的層次，老子的理想人格乃在守靜、無欲、素樸中貞定，故云：「吾將鎭之以無名之樸。無名之樸，夫亦將無欲。不欲以靜，天下將自定。」（〈三十七章〉）莊子則云：「忘乎物，忘乎天，其名爲忘己，忘己之人，是之謂入於天。」（〈天地〉）其泯化人己物天爲整體，故老莊乃在於超越世俗的執定，以化除世事判斷所引發的躁動，並於安寧自適的生活中去體生命的本眞。對於詩性美學的觀照，任其自然的心境，然而這個心境既是關於美學的觀照，更是眞理開顯的場域。如果人能肯定藝術與詩性在文化中的崇高地位，必然也是獨具慧眼的先知，正如伽達默爾所具「視域融合」的先知，也正如老莊所強調人要走向眞理開顯的場域，更要將自身完全開放給自然而然的存有之開顯。

〔註 9〕參考南華大學網頁：〈伽達默爾的詮釋學〉http://www.nhu.edu.tw/~sts/class/class_03_3.htm

二、道家「體用合一」的療癒與視域融合

傳統學問都以認知對人的情緒和行爲有直接影響，負面想法是造成長期情感障礙的主因。道家療癒學中的「無」、「無執」，乃是認爲不是要取消傳統，而是要化除人爲造作的執著，如人事所加入的思維是造作的和宰制的認知，並且要人放下那些思維，而不是去執著它，當人們竭力想控制、對抗自己的堅執欲望的時候，其結果會是適得其反，反而會深陷其中。即使是身心健康的人，其人爲思想往往是具有主宰性的，其情志狀態也往往是僵固性和有對立性的；一個人行爲是否屬於「正常」或「不正常」，傳統與道家的說法是立場不同的，傳統教人立定方向，面對打擊，勇往直前等。道家發覺，人情志上的痛苦通常是由於人想逃離痛苦、企圖迴避負面經驗重複出現，知見混亂、依附於概念化的自我、和當下失去連結，以及由此產生的內心僵化，導致身心靈未能從事符合核心自己的價值觀。

道家則教人抽身境事外，從一個遠距離中立地觀察自己的情緒、感覺、思想、和記憶，只要直覺到和接受自己的這些經歷和情志活動，而且不去想要掌握它，所是不加批判、如是的接受他的生活環境，老子曰：「不欲以靜，天下將自定。」（〈三十七章〉）莊子云：「夫得者時也，失者順也。安時而處順，哀樂不能入也。此古之謂懸解也。」（〈大宗師〉）在現實中定靜其身，安順其心，永保身心不受擾動，這就是道家「無」與「無執」「無爲」即「體用合一」的觀念。

道家療癒學對於藝術往往處在一個模糊渾沌的悖論中，如李皓說詩的境界：「一方面求其清晰，以便能直探底蘊，獲得明白無誤的確切答案；另一方面又求其隱約含蓄，如鏡中看花、水中賞月，把玩品味那豐富複雜的情緻。」〔註 10〕同時這也是人們所期望的藝術形態，說這方面道家常常具有這樣的特色呈現，蓋「道可道，非常道」，要說出道的意思，其中不確定成分、空白的部分，如謎似夢的思維，成爲創新的因素，而異質的超前的也較當時的思想較多，以致道家詩學成爲中國傳統思想中一個豐富的礦源。

道家重在道與心之連繫，道心之思亦即詩之思。比較維科（Giovanni Battista Vico，1668～1744）在《新科學》的說法，他將語言分爲三個種類：「神的語言、英雄語言、人類語言。」〔註 11〕其對神的語言、英雄語言、人類語言之區分，

〔註 10〕李浩：《唐詩美學精讀》（上海：復旦大學出版社，2009 年 9 月），頁 60。

〔註 11〕維科著，朱光潛譯：《新科學》（台北：駱駝出版社，1987 年，8 月），頁 215。

也剛好對應於道家思想中對意、象、言三種層次的關係。道家詩學認為在詩人與思想的世界中，每一個物、每一樹、山、水，不執取去其習慣性之意義，而有更深的涵義。如首先主體的心志達到某一層次，其所說的不是他在說話，而是「語言在說話」，故道家認為在人尚未說話前，語言已經在向人勸說了，作為先驗的語言，語言本質顯現為勸說，人只能應合語言之勸說。人必須讓感官與感圓之間，在生活實踐，審美實踐與療癒實踐之間形成特殊的聯繫，這是感通所產生的心理質素。正如老子云：「天地之間，其猶橐籥乎？虛而不屈，動而愈出。多言數窮，不如守中。」（〈第五章〉）莊子云：「夫徇耳目內通，而外於心知。」（〈人間世〉）將各種感覺打通就是得其環中，故得中形成一種詩性的語言，也是一種神秘體驗，成為一種複雜而不確定的內容，這是屬於道家即體即用的特色，體用之間能讓人達到一切放下、不再執著，因而產生療癒效果。

三、道家「即工夫即境界」的療癒與視域融合

道家以「恍惚」、「渾沌」之教，在於不以定名去強善惡，讓人心從肯定否定中超然兩忘，回歸單純的心，展開了恍惚之境、渾沌之教。如老子云：「道之為物，唯恍唯惚。忽兮恍兮，其中有象；恍兮忽兮，其中有物。」（〈二十一章〉）如莊子云：「若一志，無聽之以耳而聽之以心，無聽之以心而聽之以氣。耳止於聽，心止於符。氣也者，虛而待物者也。為道集虛。虛者，心齋也。」（〈人間世〉）莊子以人不應用耳朵去聽，而應當用「心」來聽，最好以「氣」來聽，言「心齋」就是著重於以心化氣。「氣」是「虛而待物者」，如果能夠以「氣」去聽，則認識主體則完全離開外物的限制。氣是沒有感官之思與模式的束縛，所以為「虛」，虛而能夠待物。王邦雄說：「人待物要虛，道生物要虛，上下統實，也就是天道唯在吾心虛靜中朗現，此之謂唯道集虛。」〔註 12〕道依止於心靈的虛靜上，故人認識與外物的和諧狀態時，跟著認識主體的「虛」，外物也完成其自然性，故是為氣化修養論、是一種萬物之化，也正是即工夫即境界的說明。

比較海德格對於存有與道說之理論，他認為在對語言本質的討論中，人開向道並沒有一主體在說話，道法自然是道在說話不是人在說話，是語言自身在

維科，是義大利政治哲學家、歷史學家和法理學家。他為古老風俗辯護，批判了現代理性主義，並以其著作《新科學》聞名於世。

〔註 12〕王邦雄：《莊子內七篇．外秋水、雜天下的現代解讀》（台北：遠流出版社，2015 年 4 月），頁 195。

說話。人對於道只能傾聽，故傾聽是先於人的說話，主體並無主動性，並不是人說出語言，而是人由語言處說出話語。人只能模仿著說，但「主動性」完全在道那裡，道說即一種「讓其自行道說」，這種語言與存有之結合：「道說與本然（Ereignis），語言之眞正動態之運動呈現於作爲最本己之在相互面對的四個世界地帶中之開闢道路。」故「道路」一詞包含了所有語言與存有之思的最神秘的部份，此詞與老莊所言之「道」是奧秘中的奧秘，對道的表達以直覺式，即不表達的表達，故「道路」也可以說明即工夫即境界的立論。

道家「萬物之化」與海德格「本然」概念相似。他認爲此道不是人所見現成之高速公路或鄉間小道，而是一種開闢道路（Be-wëgen），就類似積雪的冬日，人們試圖在雪地中開出一條道路一般，這種道路也並非引領我們走向某一遠方之目的地；它的特徵是一種返回，返回到人早已居留之處，此人所居留之處即地帶，地帶是一切所返回之處所，此一一切所能返回之最後之始源處亦即「本然」。本然指一經驗事件（Vorkommnis），海德格用以指稱存有底本質、世界四大之中心等多重含意。〔註 13〕他在語言哲學代表作《到語言之途》中，道說是本然之一種說話方式，本然即本眞的語言（eigentliche Sprache）。本然使人成爲說話者而居留於語言本質中，存有與語言之思至於本然，已經是運思之道路所能返回之最後歸宿。〔註 14〕讓語言自己說法，即是虛而容受萬物，物我爲一是爲氣化、萬物之化也。

道家療癒是超於象外，而得其環中之意，忘其敘述之言。袁保新認爲：「老子的道，靜態地說是實現一切人我、物我和諧共生的價值理序；動態地而，秩序亦即一種動力，它同時也是使萬物得以相續相生的實現性原理。」〔註 15〕故老子的形上詩學的探討不是一般分析哲學之方式，而是對於人類原創性之追問。莊子又接續老子的「恍惚」的思考模式，以探討宇宙普遍聯繫運動的反映，正人的本質模式，於是「得意」成爲一種更複雜、更神秘的概念，爲了表達這種概念，必須用「忘言」的方式來說，以致其反映事物的多因性、動態性與系統性的存在，這存在必須是帶有模糊的思維特點。

雖然冥契之境、渾沌之教超越言說，但人終爲能不說，爲了表達對人世

〔註 13〕參考孫興周：《語言存在論——海德格後期思想研究》，頁 308～319。

〔註 14〕參考鍾振宇：〈海德格後期語言哲學及其與王弼語言觀之一些比較〉（香港：人文月刊哲學論文集），2000 年 8 月，第三卷第二期。

〔註 15〕袁保新：《從海德格、老子、孟子到當代新儒學》（台北：臺灣學生書局，2008 年 10 月），頁 261。

間的關懷，也要將工夫與境界說明得宜，這才是道家的本懷。如果說「大辯不言」、「不言之辯」是眞人的說教，那麼老莊不得不以悖論、詭辭爲用來說明其冥契、渾沌之境。這正如維科（Giovanni Battista Vico，1668～1744）說：「一切事物在起源時一定都是粗糙的，因爲這一切理由，我們就必需把詩性智慧的起源追溯到一種粗糙的玄學，這種粗糙的玄學，就像一個軀幹生出肢體一樣，一肢脈生出邏輯學、倫理學、經濟學和政治學，全是詩性的；從另一脈派生出物理、這是宇宙學尋天文的母親，天文學又向它的兩個女兒，即時曆學和地理學，提供確鑿的憑據——這一切也全是詩性的。」〔註 16〕然而語言與藝術同歸於存有之奧秘，海德格以最深刻之思考認爲「語言本質即本然」，即在詩人的詩與思考者的思中，存有者宛如第一次由奧秘深處被人所表達出來，道家詩學療癒正是「我自然」成爲那表達者。

四、道家「整全」的療癒與融域融合

道家詩歌療癒是通過體、相、用的修養，達到某一程度的化解，對於世間的僵固的情狀，乃至人身的病情，道家學問已然建立了一套療癒思維。茲列舉其中體相用言四個主要範疇概念，每一個概念都能化爲一項積極的情志技能，道家療癒不只是一個避免消極的方法，還可以提升一般人生活的高度品質。

1. 道體——無與無執體用合一。老子的無爲是化解人爲的造作以恢復人人自有的天眞，並藉此而呈現自我的和諧，如云：「生而不有，爲而不恃」（〈第二章〉）故人不必跟思想和情緒們苦苦對抗或逃避，病並本就是無，在蕩相遣執、融通淘汰中才可能達到直觀，直達那源頭，莊子說：「齊一也一，其不一也一」（〈大宗師〉）、「天人不相傷」（〈應帝王〉）人生活在天地之中，總會發現根本就沒有病。

2. 道相——虛靜至逍遙之境界：由於無才是人們生命的主體，所對於世界可以擁有的也是虛無的，他說是一種遮撥義的「無」，但這個「無」也不是實體，故人常以虛靜來掌握，老子「致虛守靜」、莊子以「坐忘」來達到無的修養，並從中得到消解生命執取之病，道家要人看清楚，將人世的思想看作只是語言和文字，不代表固定的意義；避免再受思想、情緒、和妄想的控制。道相對應的是道體的發用的德，最後源於道體本身，故言人生境界應以道體

〔註 16〕維科著，朱光潛譯：《新科學》（台北：駱駝出版社，1987 年 8 月），頁 222。

爲根源，即應承認道是主觀境界與客觀實有的融合。

3. 道用——整體的療癒。道是一個不可分空的整體，從根到末都不能分離看看。其常以非道爲道，不德爲德、非慈爲慈的方式來呈用，這也是面對現實的異化所必然的作用，故牟先生稱爲「作用保存」，乃以作用的化解人爲的造作，主要是爲了保存那實存的道體。

4. 道言——道的撫慰方式。當代新道家以牟宗三爲代表的說法，認爲道家是以「詭辭爲用」來說明道家的語言，是非分別說，是正言若反。唐君毅則圓融詮釋，認爲：「老子文句言道者，確有層面之分，若視爲皆在一層面，則此諸文句難通之故。……老子言道之義，亦只當由虛無之道家思想，更可循不同方向而發展，而爲老子書者，亦初未必自覺此中有多方向發展之可能。」〔註 17〕道家的語言體現開顯了縱貫的道，一體呈現，才是老莊思想中「道法自然」的全貌眞象。老莊把體道成爲言道的最高境界，又把體道當做最高的認識。

道家從道體、道相、道用與道言來論述，展開一種屬於「整全」的療癒之道。道家以整體觀與中國的古代哲學家，同具人文的高度，即都以認識方法與德行的修養是合而爲一的，而且道家更能提供一套治療的思維，以應天應時應人而針砭負向的人生狀態，可知閱讀道家詩學就是在進一場自療與治療過程。

從詩歌治療探論，在當代已經成熟的理論，並運用在臨床上、生活上的技巧，說明詩歌治療的理論與發展。〔註 18〕並說明詩、詩歌、詩學、美學、哲學等字義的關連性，即其內容上的連續性，筆者延伸其意義，以本土道家詩學，並以老子莊子思想爲主軸論述，其主張乃儒家之暢言仁義聖智是有漏失的，是不圓融、是不盡意，故對這異化的現象要有所反省與檢討。〔註 19〕

老子主張「無爲」，本是此統治者的立場來責成政治的運作，並期開創一個百姓皆能「甘其食，美其服，安其居，樂其俗。」（〈八十章〉）的世間。然

〔註 17〕唐君毅：《中國哲學原論．導論篇》（台北：臺灣學生書局，1980 年，9 月），頁 350～361。

〔註 18〕本文詩歌療法的理論，參考尼古拉斯．瑪札：《詩歌療法——理論與實踐》（南京：東南大學，2013 年 6 月）。

〔註 19〕此說乃以牟先生的立場爲主要。如王邦雄等說：「牟先生主要是居於觀念史的發展來衡量這件事情，我們也覺得唯有如此才是相對可信的說法，從文本所呈的明顯意圖來看，《道德經》對儒家的批判是鐵錚錚的事實。」參考王邦雄等著：《老莊與人生》（台北，國立空中大學，2009 年 8 月），頁 35。

而「無爲」的觀念到了莊子，則成爲工夫義，乃指無執、化掉種種人爲造作和執著負累，人才能歸根復命，達到療癒的作爲，是故「無爲」和「自然」乃是一體兩面，是即本體即工夫的意義。又老子主張「虛靜」爲主要生活涵養，莊子則強調「莫若以明」、「環中」，認爲人處於世間仍能夠徹將我執與所執置之度外，成爲不再有負面情志的心理，人世間莫須有的包袱就讓其卸下，自己才能逍遙天地。所以虛靜即無爲，同時兼具工夫即境界的意義。筆者以爲這正是開出道家詩學的療癒動機，作爲道家從根源性的思維開始，亦機是建構生命的根源理論，再確認生命的脈絡以及生活的實踐，這是屬於生命教育的「上游理論」〔註 20〕，也是道家作爲精神療癒的發源。

道家療癒學，是以老子所暢「上士」的理想，將之向內收攝而主體化爲詩學理論，加上莊子以此所開展的去執的工夫，及其所使用的詩性語言，無不強調依此實踐來作爲療癒的玄德，讓人人成爲一種參與的生活世界，讓人們立足在人際社會之間開展德行，而此德行非重在傳統以人文建構爲目的，而是以回歸自然的爲生命理想與生活世界的整全。道家生命的依據是「無」；通過「無」生命才能自然成長。只有屬無爲的土壤上，慈愛才能沒有負擔、教化才不會成爲壓力、療癒才不會成爲對治，因此人的性靈才得以無限。這是道家詩歌中所有美善的、理想境界的、達到意義的、本眞的樣貌，這都是通過「無爲」而來掌握。當無爲成爲是人的心主，而知見只能成爲一個僕人，整體人生是由主人來選擇，做一個深入、穿透的觀察，這「無」是屬於直觀的、是詩性的。當人的心裡還不具任何詩性時，那就不再虛度光陰，道家教人趕快來進入自己的內心編織詩歌。以道家詩學所編就的途徑就是讓慈儉謙聚一起〔註 21〕，就會創造了一個療癒的空間，在那裡面，所有的人類病情都可以被治癒，一個充滿慈儉謙是所需要的條件，是提供人一種新的完整體。

〔註 20〕劉易齋、鄭志明、孫長祥、孫安迪、楊荊生等合著：《生命教育》（台北：國立空中大學，2011 年 1 月），頁 323。

〔註 21〕參閱，老子曰：「我有三寶，持而保之。……」（〈六十七章〉）

參考書目

一、古典著作（以作者朝代先後排序）

1. 【漢】帛書《老子》甲、乙本。
2. 【漢】司馬遷：《史記》（北京：中華書局，1959 年 7 月）。
3. 【漢】毛亨傳，鄭元箋，孔穎達疏：《詩經》《十三經注疏》（台北：藝文印書館，2001 年 12 月）。
4. 【漢】鄭玄注，孔穎達疏：《禮記》《十三經注疏》（台北：藝文印書館，2001 年 12 月）。
5. 【晉】王弼注，樓宇烈校釋：《王弼集校釋》（台北：華正書局，1993 年 9 月）。
6. 【晉】郭象注，郭慶藩編，王孝魚整理：《莊子集釋》（台北：萬卷樓圖書，2007 年 7 月）。
7. 【唐】王冰註：《黃帝內經》（北京：中醫古籍出版社，2003 年 11 月）。
8. 【宋】陸九淵：《陸九淵集》（北京：中華書局，2012 年 2 月）。
9. 【宋】蘇軾撰，孔凡禮點校：《蘇軾文集》（北京：中華書局，1992 年 9 月）。
10. 【宋】趙令畤撰：《侯鯖錄》卷第六，收入王雲五主編：《叢書集成初編》（台北：臺灣商務書館，1939 年）。
11. 【宋】嚴羽：《滄浪詩話》收錄《叢刊集成初編》（台北：商務印書館，1939 年）。
12. 【宋】邵博：《邵氏聞見後錄》（北京：中華書局，1983 年）。
13. 【明】王夫之：《船山全書》（長沙：嶽麓書社出版，1996 年 10 月）。
14. 【明】釋德清：《老子道德經憨山註／莊子內篇憨山註》（台南：和裕出版社，2009 年 1 月）。
15. 【清】徐增著，樊維綱校注：《說唐詩》（河南：中州古籍出版社，1990 年）。

16. 【清】彭定求等編：《全唐詩》（上海：上海古籍出版社，2010 年 8 月）。
17. 【清】龔自珍：〈最錄李白集〉，收入《龔自珍全集》第三輯（上海：上海人民出版社，1975 年 9 月）。
18. 【清】宣穎解，王輝吉校：《莊子南華經解》（台北：宏業書局，1977 年 6 月）。
19. 【清】沈德潛：《唐詩別裁》（北京：中華書局，1975 年 4 月）。
20. 【清】朱謙之：《老子校釋》（北京：中華書局，1984 年 11 月）。
21. 【清】王琦注：《李太白全集》全三冊（北京：中華書局，1980 年 11 月）。
22. 【清】王先謙：《莊子集解》（上海：上海書店，1987 年 9 月）。

二、今人專著（以姓氏筆劃排序）

1. 方東美：《原始儒家道家哲學》（台北：黎明文化，1993 年 6 月）。
2. 毛正夫：《中國古代詩學本體論闡釋》（台北：五南圖書，1997 年 4 月）。
3. 王杰：《審美幻象研究：現代美學導論》（北京：北京大學出版社，2012 年 11 月）。
4. 王志清：《盛唐生態詩學》（北京：北京大學出版社，2007 年 4 月）。
5. 王叔岷：《莊子校詮》（台北：中央研究院歷史語言研究所，1984 年 3 月）。
6. 王邦雄等著：《中國哲學史》上下冊（台北：里仁書局，2009 年 2 月）。
7. 王邦雄：《老子道德經的現代解讀》（台北：遠流出版社，2010 年 2 月）。
8. 王邦雄：《道家思想經典文論：當代新道家的生命進路》（台北：立緒出版社，2013 年 11 月）。
9. 王邦雄：《老子十二講》（台北：遠流出版社，2014 年 9 月）。
10. 王邦雄：《莊子寓言說解》（台北：遠流出版社，2015 年 11 月）。
11. 王邦雄：《莊子內七篇．外秋水、雜天下的現代解讀》（台北：遠流出版社，2015 年 4 月）。
12. 王邦雄、陳德和等著：《老莊與人生》（台北：國立空中大學，2009 年 8 月）。
13. 安旗：《李白研究》（台北：水牛出版社，1996 年 3 月）。
14. 安旗、薛天緯、閻琦、房日晰等編著：《李白全集編年注釋》上下冊，（成都：巴蜀書社，2000 年 4 月）。
15. 牟宗三：《智的直覺與中國哲學》（台北：臺灣商務印書館，1974 年 10 月）。
16. 牟宗三：《現象與物自身》（台北：台灣學生書局，1993 年 1 月）。
17. 牟宗三：《中國哲學十九講》（台北：臺灣學生書局，2002 年 8 月）。
18. 牟宗三：《才性與玄理》（台北：臺灣學生書局，2002 年 8 月）。
19. 牟宗三：《佛性與般若》上下冊（台北：臺灣學生書局，2004 年 6 月）。

20. 牟宗三：《心體與性體》第一至三冊（台北：臺灣學生書局，2006 年 3 月）。
21. 牟宗三：《中國哲學的特質》（台北：臺灣學生書局，2009 年 12 月）。
22. 牟宗三：《圓善論》（台北：臺灣學生書局，2010 年 3 月）。
23. 朱立元：《西方美學範疇史・第三卷》（太原：山西教育出版社，2006 年 1 月）。
24. 朱金城、朱易安合著：《李白的價值重詁》（台北：文史哲出版社，1995 年 10 月）。
25. 李長之：《道教徒的詩人李白及其痛苦》（天津：天津人民出版社，2013 年 9 月）。
26. 李天命：《存在主義概論》（台北：臺灣學生書局，2008 年 9 月）。
27. 李浩：《唐詩的美學詮釋》（台北：文津出版社，2000 年 5 月）。
28. 李浩：《唐詩美學精讀》（上海：復旦大學出版社，2009 年 9 月）。
29. 李元洛：《詩美學》（台北：東大圖書，2009 年 1 月）。
30. 李正治：《與爾同銷萬古愁—李白詩賞析》，（台北：偉文出版社，1978 年）。
31. 李正治：《至情只可酬知己：文學與思想世界的追尋》（台北：業強出版社，1986 年）。
32. 李欣霖：《儒家治療學》（雲林：春秋學會，2016 年 1 月）。
33. 李澤厚：《美的歷程》（廣西：師範大學出版社，2000 年 12 月）。
34. 李孟潮著，童俊主編：《人格障礙的診斷與治療》（北京：北大醫學出版社，2013 年 4 月）。
35. 何長珠等著：《表達性藝術治療種——悲傷諮商之良藥》（台北：五南圖書，2012 年 10 月）。
36. 宗白華：《藝境》（北京：北京大學出版社，1989 年 6 月）。
37. 呂慧鵑、劉波、盧達編：《中國歷代著名文學家評傳》第二卷（濟南：山東教育出版社，2009 年 3 月）。
38. 吳怡：《新譯易經繫辭傳解義》（台北：三民書局，2011 年 5 月）。
39. 吳怡：《新譯莊子內篇解義》（台北：三民書局，2000 年 10 月）。
40. 吳璟：《西方美學史》（上海：上海人民出版社，2002 年）。
41. 余德慧：《生死學十四講》（台北：心靈工坊，2003 年 1 月）。
42. 余恕誠：《唐詩風貌及其文化底蘊》（台北：文津出版社，1999 年）。
43. 林安梧：《中國宗教與意義治療》（台北：明文書局，2001 年 7 月）。
44. 林安梧：《儒學轉向——從新儒家到後新儒學的過渡》（台北：臺灣學生書局，2006 年 2 月）。
45. 林安梧：《新道家與治療學——老子的智慧》（台北：臺灣商務印書館，2010 年 6 月）。

46. 林安梧:《老子道德經新譯既心靈藥方》(台北:萬卷樓圖書,2015年10月)。
47. 林清江編:《比較教育》(台北:五南圖書,1983年8月)。
48. 高柏園:《莊子內七篇思想研究》(台北:文津出版社,2000年5月)。
49. 周伯乃:《現代詩的欣賞》(台北:三民書局,1985年2月)。
50. 詹鍈主編:《李白全集校注匯釋集評》共八冊(天津:百花文藝出版社,1996年12月)。
51. 姚一葦:《藝術的奧秘》(台北:臺灣開明書店,1976年6月)。
52. 唐君毅:《病裏乾坤》(台北:臺灣學生書局,1984年5月)。
53. 唐君毅:《中國哲學原論‧原道篇卷一》(台北:臺灣學生書局,2008年8月)。唐君毅:《中國哲學原論‧原道篇卷二》(台北:臺灣學生書局,2004年10月)。
54. 唐君毅:《中國哲學原論‧導論篇》(台北:臺灣學生書局,2004年10月)。
55. 唐君毅:《哲學概論》上下冊(台北:臺灣學生書局,1984年3月。)
56. 唐君毅:《中國人文精神之發展》(台北:臺灣學生書局,2000年6月)。
57. 唐君毅:《人生之體驗續編》(台北:臺灣學生書局,2011年3月)。
58. 崔適:《史記探源》(北京:中華書局,2004年1月)。
59. 袁保新:《老子哲學詮釋與重建》(台北:文津出版,1997年12月)。
60. 袁保新:《從海德格、老子、孟子到當代新儒學》(台北:臺灣學生書局,2008年10月)。
61. 孫中峰:《莊學之美學義蘊新詮》(台北:文津出版,2005年12月)。
62. 孫周興:《語言存在論——海德德後期思想研究》(北京:北京商務印書館,2011年1月)。
63. 張岱年:《中國哲學大綱》(台北:藍燈文化,1992年4月)。
64. 張岱年:《中國古典哲學概念範疇要論》(北京:中國社會科學出版社,1987年5月)。
65. 張文勳:《儒道佛美學思想源流》(貴州:雲南人民出版社,2004年12月)。
66. 張芝等著:《李太白研究》(台北:里仁書局,1981年10月)。
67. 章啓群:《百年中國美學史略》(北京:北京大學出版社,2005年9月)。
68. 鈕則誠、趙可式、胡文郁:《生死學》(台北:國立空中大學,2008年6月)。
69. 勞思光:《新編中國哲學史》(一)(台北:三民書局,1986年3月)。
70. 勞思光:《自由、民主與文化創生》(香港:香港中文大學,2001年4月)。
71. 徐復觀:《中國藝術精神》(台北:臺灣學生書局,1984年)。
72. 徐復觀:《中國人性論史‧先秦篇》(台北:臺灣商務印書館,2010年7月)。

73. 徐小躍：《禪與老莊》（杭州：浙江人民出版社，1993 年 11 月）。
74. 徐增著，樊維綱校注：《説唐詩》（河南：中州古籍出版社，1990 年 9 月）。
75. 馮友蘭著，余又光譯：《中國哲學簡史》（北京：北京大學出版社，1997 年 12 月）。
76. 黃惠宇：《養生樂活概念餐》（台北：時報文化，2007 年 4 月）。
77. 黃龍杰：《心理治療詩篇》（台北：張老師文化，2000 年 8 月）。
78. 熊鈍主編：《辭海》上中下冊（台北：臺灣中華書局，1980 年 3 月）。
79. 湛佑祥、陳界、劉傳和、夏旭等編著：《閱讀療法理論與實踐》（北京：軍事醫學科學出版社，2011 年 11 月）。
80. 曾昭旭：《我的美感體驗》）台北：臺灣商務印書館，2005 年 9 月）。
81. 曾昭旭：《在説與不説之間——中國義理學的思維與實踐》（台北：漢光出版社，1992 年 2 月）。
82. 湯振鶴等主編，許錟輝譯註：《譯註評析古文觀止續編》（台北：百川書局，1994 年 6 月）。
83. 傅偉勳：《死亡的尊嚴與生命的尊嚴》（台北：正中書局，2009 年 10 月）。
84. 傅偉勳：《從創造的詮釋學到大乘佛學》（台北：東大圖書，1990 年 7 月）。
85. 傅佩榮：《西方哲學史》（台北：聯經出版公司，2011 年 4）。
86. 傅佩榮、陳榮華等著：《西洋哲學傳統》（台北：臺大出版中心，2011 年 8 月）。傅紹良：《盛唐文化精神與詩人人格》（台北：文津出版社，1999 年 6 月。）
87. 廖美玉：《回車——中古詩人的生命印記》（台北：里仁書局，2007 年 2 月）。
88. 葛景春：《李白與中國傳統文化》（台北：群玉堂出版，1991 年 9 月）。
89. 葛景春：《李杜之變與唐代文化轉型》（河南：大象出版社，2009 年 8 月）。
90. 溫帶維：《正視困擾——哲學輔導的實踐》（香港：香港三聯書店，2010 年 5 月）。
91. 趙有聲等著：《生死、享樂、自由》（台北：國際文化出版，1988 年 12 月）。
92. 楊義：《李杜詩學》（北京：北京出版社，2001 年 3 月）。
93. 楊定一：《眞原醫》（台北：遠流出版社，2013 年 4 月）。
94. 楊儒賓：《儒門內的莊子》（台北：聯經出版社，2016 年 6 月）。
95. 楊儒賓：《儒家身體觀》（台北：中央研究院中國文哲研究所籌備處，1996 年）。
96. 楊儒賓：《冥契主義與哲學》（台北：正中書局，1998 年 6 月）。
97. 楊恩寰：《審美心理學》（台北：五南圖書，1993 年 11 月）。
98. 葉維廉：《比較詩學》（台北：東大圖書，2002 年 10 月）。

99. 葉維廉：《道家美學與西方文化》（北京：北京大學出版社，2002 年 8 月）。
100. 葉海煙：《莊子的生命哲學》（台北：東大圖書，2003 年 6 月）。
101. 陳德和：《道家思想的哲學詮釋》（台北：里仁出版社，2005 年 1 月）。
102. 陳鼓應：《老子今訴今譯及評介》（台北：台灣商務印書館，2012 年 10 月）。
103. 陳鼓應：《莊子今註今譯》上下冊（台北：台北商務印書館，2016 年 5 月）。
104. 賴錫三：《莊子靈光的當代詮釋》（台北：清華大學出版中心，2012 年 3 月）。
105. 賴錫三：《當代新道家——多音複調與視域融合》（台北：臺大出版中心，2012 年 3 月）。
106. 鄔昆如：《西洋哲學十二講》（台北：東大圖書，2009 年 10 月）。
107. 蔡仁厚：《中國哲學史》上下冊（台北：臺灣學生書局，2009 年 7 月）。
108. 劉有生：《劉有生善人講病》（台南：台南市淨宗學會，2016 年 1 月）。
109. 劉易齋、鄭志明、孫長祥、孫安迪、楊荊生等合著：《生命教育》（台北：國立空中大學，2011 年 1）。
110. 劉笑敢：《老子——年代新考與思想新詮》（台北：東大圖書，2015 年 6 月）。
111. 陳榮華：《海德格存有與時間闡釋》（台北：國立臺灣大學出版中心：2012 年 2 月）。
112. 錢穆：《中國思想通俗講話》（台北：東大圖書，2004 年 1 月）。
113. 郭沫若：《李白與杜甫》（北京：北京人民出版社，1971 年 1 月）。
114. 瞿蛻園、朱金城校注：《李白集校注》共四冊（上海：上海古籍出版社，2013 年 9 月）。
115. 陳鼓應：《老莊新論》（上海：上海古籍出版社，1997 年 9 月）。
116. 陳鼓應：《道家的易學建構》（台北：臺灣商務印書館，2003 年 7 月）。
117. 陳鼓應、趙建偉著《周易注釋與研究》（台北：臺灣商務印書館，2007 年 4 月）。
118. 陳鼓應：《老子今註今釋》上下冊（台北：臺灣商務印書館，2012 年 10 月）。
119. 陳鼓應：《道家人文精神》（台北：五南圖書，2013 年 8 月）。
120. 陳鼓應：《莊子今註今釋》上下冊（台北：臺灣商務印書館，2016 年 5 月）。
121. 陳懷恩：《圖像學：視覺藝術的意義與解釋》（台北：如果出版社，2008 年 1 月）。
122. 陳良運：《中國詩學體系論》（北京：中國社會科學出版社，1992 年 7 月）。
123. 陳伯海主編：《唐詩匯評》（杭州：浙江教育出版社，1995 年 5 月）。
124. 鍾友彬、張堅學、康成俊、叢中著：《認識領悟療法》（北京：北京人民衛生出版社，2012 年 2 月）。
125. 潘顯一、冉昌光主編：《宗教與文明》（成都：四川人民出版社，1999 年 5 月。）

126. 鄭志明:《宗教的醫療觀與生命教育》(台北:大元書局,2004 年 12 月)。
127. 鄭振偉:《道家詩學》(南京:江蘇人民出版社,2009 年 6 月)。
128. 歐麗娟:《唐詩的樂園意識》(台北:里仁出版社,2000 年 2 月)。
129. 歐麗娟:《唐詩選注》(台北:里仁出版社,2011 年 3 月)。
130. 鄔昆如:《西洋哲學十二講》(台北:東大圖書公司,2007 年 6 月)。
131. 顏崑陽:《莊子的寓言世界》(台北:尚友出版社,1983 年 9 月)。
132. 顏崑陽:《莊子藝術精神析論》(台北:華正書局,1985 年 7 月)。
133. 羅宗強:《李杜論略》(蒙古:內蒙古人民出版社,1980 年 6 月)。
134. 羅門:《羅門詩選》(台北:洪範出版社,1984 年 1 月)。
135. 鐘華:《從逍遙遊到林中路:海德格與莊子詩思想比較》(北京:中國社會科學出版社,2006 年 8 月)。
136. 嚴靈峰:《老子研讀須知》(台北:正中書局,1992 年 4 月)。
137. 龔鵬程:《近代思想史》(台北:東大出版社,1991 年 11 月)。
138. 饒宗頤:《饒宗頤二十世紀學術文集》卷三(台北:新文豐,2003 年 10 月)。
139. 白取春彥編,叢研喆譯:《超譯尼采》(南京:鳳凰出版,2013 年 10 月)。
140. 西田幾多郎著,何倩譯:《善的研究》(北京:北京商務印書館,2007 年 5 月)。
141. 西田幾多郎著,黄文宏譯:《西田幾多郎哲學選輯》(台北:聯經出版,2013 年 3 月)。
142. 鈴木大拙著,耿能秋譯:《禪風禪骨》(台北:大鴻藝術出版,1992 年 9 月)。
143. 鈴木大拙著,林宏濤譯:《鈴木大拙禪學入門》(台北:商周文化,2016 年 2 月)。
144. 岸見一郎:《拋開過去,做你喜歡的自己——阿德勒的勇氣心理學》(台北:方舟文化出版社,2015 年 4 月)。
145. 松浦友久:《李白詩歌抒情藝術研究》(上海:上海古籍出版社,1996 年 12 月)。

三、西方學者專書(以英文開頭字母劃序)

1. 阿德勒(Alfred Adler)著,吳書榆譯:《阿德勒心理學講義》(台北:經濟新潮社,2015 年 5 月)。
2. 艾雅．凱瑪(Ayya Khema):《內觀禪修次第》(台北:大千出版社,2013 年 2 月)。
3. 布魯斯．穆恩(Bruce L. Moon)著,丁凡譯:《以畫爲鏡——存在藝術治療》(台北:張老師文化,2012 年 8 月)。

4. 馬斯洛（Abraham Harold Maslow）著，唐譯編譯：《人本哲學》（長春：吉林出版集團，2013 年 8 月）。
5. 榮格（Carl. G. Jung）著，姜國權譯：《榮格文集，第七卷——人、藝術與文學中的精神》（北京：國際文化出版，2011 年 5 月）。
6. 茱迪絲．奧羅芙（Judith Orloff, M. D.）著，唐嘉惠譯：《直覺療癒》（台北：遠流出版社，2002 年 5 月）。
7. 維科著（Giovanni Battista Vico），朱光潛譯：《新科學》（台北：駱駝出版社，1987 年 8 月）。
8. 齊美爾（Georg Simmel）著：《社會是如何可能的——齊美爾社會學文選》（廣西：廣西師範大學出版社，2002 年 7 月）。
9. 黑格爾（Georg Wilhelm Friedrich Hegel）著，朱孟實譯：《美學》第三卷（北京：北京商務印書館，1979 年 3 月）。
10. 黑格爾（Georg Wilhelm Friedrich Hegel）著，潘高峰譯：《黑格爾歷史哲學》（北京：九州出版社，2011 年 9 月）。
11. 黑格爾（Georg Wilhelm Friedrich Hegel）著，賀麟、王太慶譯：《哲學史講演錄》（北京：商務印書館，1959 年 12 月）。
12. 黑格爾（Georg Wilhelm Friedrich Hegel）著，朱孟實譯：《美學》第三卷下冊（北京：北京商務印書館，1979 年 3 月）。
13. 丹尼爾．高曼（Daneiel Goleman）主編，李孟浩譯：《情緒療癒》（台北：立緒出版社，2006 年 9 月）。
14. 加斯東．巴舍拉（Gaston Bachelard）著，龔卓軍、王靜慧譯：《空間詩學》（台北：張老師文化，2012 年 3 月）。
15. 伽達默爾（Hans-Georg Gadamer）著，洪漢鼎譯：《眞理與方法Ⅰ、Ⅱ》（北京：北京商務印書館，2013 年 3 月）。
16. 哈維．弗格森著（Harvie Ferguson），劉聰慧、郭之天、張琦譯：《現象學社會學》（北京：北京大學出版社，2010 年 9 月）。
17. 歐文．亞隆（Irvin D. Yalom）著，易之新譯：《存在心理治療》上下冊（台北：張老師文化，2011 年 3 月）。
18. 康德（Immanuel Kant）：《純粹理性之批判》（北京：北京商務印書館，1960 年 6 月）。
19. 康德（Immanuel Kant）：《康德歷史哲學論文集》（台北：聯經出版，2013 年 6 月）。
20. 康德（Immanuel Kant）：《判斷力之批判》（台北：聯經出版社 2013 年 12 月）。
21. 沙特（Jean-Paul Sartre）著，褚朔維譯：《想像心理學》（北京：光明日報出版社，1988 年 5 月）。

22. 沙特（Jean-Paul Sartre）：《存在與虛無》（北京：北京三聯書店，2016年1月）。
23. 吉兒・弗瑞德門（Jiff・Freedman）、金恩、康姆斯（Gene・Combs）合著，易之新譯：《敘事治療——解構並重寫生命的故事》（台北：張老師文化，2011年4月）。
24. 喬・卡巴金（Jon Kabat-Zinn）著，胡君梅譯：《正念療癒力》（台北：野人文化，2016年3月）。
25. 喬・卡巴金（Jon Kabat-Zinn）著，陳德中、溫宗堃譯：《正念減壓——初學手冊》（台北：張老師文化，2015年6月）。
26. 尼采（Friedrich Whilhelm Nietzsche）著，劉崎譯：《悲劇的誕生》（台北：志文出版，2014年3月）。
27. 尼采（Friedrich Whilhelm Nietzsche）著，劉崎譯：《瞧！這個人》（台北：志文出版，2014年4月）。
28. 尼采（Friedrich Whilhelm Nietzsche）著，余鴻榮譯：《查拉圖斯特拉如是說》（台北：志文出版，2013年10月）。
29. 尼采（Friedrich Whilhelm Nietzsche）著，田立年譯：《哲學與眞理——尼采1872～1876年筆記選》（上海：上海社科院，1997年6月）。
30. 尼采（Friedrich Whilhelm Nietzsche）著，唐譯編譯：《尼采的自我哲學》（長春：吉林出版公司，2013年8月）。
31. 蒙田（Michel deMontaigne）著，潘麗珍、王論躍、丁步洲譯：《蒙田隨筆全集》上中下卷（台北：臺灣商務印書館，2016年8月）。
32. 麥克・懷特（Michael White）著，黃孟嬌譯：《敘事治療的工作地圖》（台北：張老師文化，2011年5月）。
33. 馬瑞諾夫（Marinoff Lou）著，吳四明譯：《柏拉圖靈丹——日常問題的哲學指南》（台北：方智出版社，2009年2月）。
34. 馬丁・布伯（Martin Buber）著，陳維剛譯：《我與你》（台北：桂冠圖書，2011年3月）。
35. 海德格（Martin Heidegger）著，陳嘉映、黃慶節合譯：《存在與時間》（北京：北京三聯書店，2012年6月）。
36. 海德格（Martin Heidegger）著，孫周興譯：《走向語言之途》（台北：時報出版社，1993年10月）。
37. 瑪莎・努斯鮑姆（Martha C. Nussbaum）：《詩性正義——文學想象與公共生活》（北京：北京大學出版社，2010年1月）。
38. 馬丁・潘尼（Martin Payne）著，陳增穎譯，《敘事治療入門》（台北：心理出版社，2010年9月）。
39. 尼古拉斯・瑪札（Nicholas Mazza）著，沈亞丹、帥慧芳譯：《詩歌療法：理論與實踐》（南京：東南大學出版社，2013年6月）。

40. 諾丘．歐丁（Nuccio Ordine），郭亮廷譯：《無用之用》（台北：大雁出版社，2016 年 5 月）。
41. 奧修（OSHO）著，謙達那譯：《老子道德經（一）～（四）冊》（台北：奧修出版社，2000 年 10 月）。
42. 奧修（OSHO）著，謙達那譯：《莊子——空船》（台北：奧修出版社，2001 年 9 月）。
43. 和平使者（Peace Messenger）：《步向內心安寧——和平使者生平自述》（台北：琉璃光出版社，2004 年 2 月）。
44. 保羅．田立克（Paul Johannes Tillich）著，羅鶴年譯：《信仰的能力》（台南：教會公報，1999 年）。
45. 羅洛．梅（Rollo May）著，彭仁郁譯：《愛與意志》（台北：立緒出版社，2010 年 2 月）。
46. 羅洛．梅（Rollo May）著，龔卓軍譯：《自由與命運》（台北：立緒出版社，2010 年 3 月）。
47. 理查德．羅蒂（Richard McKay Rorty）著，李幼蒸譯：《哲學和自然之鏡》（北京：商務印書館，2012 年 10 月）。
48. 薩奇、聖多瑞里（Saki Santorelli）著，胡君梅譯：《自我療癒正念書》（台北：野人出版社，2014 年 12 月）。
49. 舒斯特（Shlomit C. Schuster）著，張紹乾譯，《哲學診治》（台北：五南出版社，2007 年 1 月）。
50. 史考特．薩繆森（Scott Samuelson）：《在生命最深處遇見哲學》（台北：商周出版社，2006 年 2 月）。
51. 宇文所安（Stephen Owen）：《盛唐詩》（台北：聯經出版社，2007 年 1 月）。
52. 史蒂夫．鮑姆嘉納、瑪麗．克羅瑟斯（Steve. R Baumgardner & Marie K. Crothers）合著，李政賢譯：《正向心理學》（台北：五南圖書，2014 年 9 月）。
53. 托瓦爾特．德特雷福仁（Thorwald．Dethlefsen）、呂迪格．達爾可（Rudiger．Dahlke）合著，易之新譯：《疾病的希望》（台北：心靈工坊，2011 年 3 月。
54. 弗蘭克（Viktor E. Framk）著，黃宗仁譯：《從存在主義到精神分析》（台北：杏文出版社，1986 年 8 月）。
55. 弗蘭克（Viktor E. Framk）著，趙可式、沈錦惠譯，《活出意義——從集中營說到存在主義》（台北：光啓文化事業，2010 年 10 月）。
56. 維克多．法蘭可（Viktor E. Framk）著，鄭納無譯，《意義的呼喚》（台北：心靈工坊，2010 年 7 月）。
57. 弗蘭克（Viktor E. Framk）著，游恆山譯：《生命的主題》（台北：遠流出版社，1999 年 5 月）。

58. 弗蘭克（Viktor E. Framk）著，游恆山譯：《生存的理由》（台北：遠流出版社，1991 年 7 月）。
59. 弗蘭克（Viktor E. Framk）著，徐佳譯：《心靈的療癒——意義治療和存分析的基礎》（北京：電子工業出版社，2014 年 3 月）。

四、學位論文（以出版時間排序）

1. 李豐楙：《魏晉南北朝文士與道教之關係》（台北：政治大學中研所博士論文，1978 年 6 月）。
2. 全明鎔：《先秦生死觀研究》（台北：輔仁大學中文研究所碩士論文，1984 年 6 月）。
3. 張明月：《莊子生命思想之研究》（台北：文化大學哲學研究所碩士論文，1987 年 6 月）。
4. 潘麗珠：《盛唐王盧詩派美學研究》（台北：國立臺灣師範大國文研究所，碩士論文，1987 年 5 月）。
5. 鍾竹連：《莊子與郭象思想之比較研究—以逍遙義爲中心》（高雄：高雄師範大學國文研究所碩士論文，1987 年 6 月）。
6. 周景勳：《莊子寓言中的生命哲學》（台北：輔仁大學哲學研究所博士論文，1990 年）。
7. 陳政揚：《孟子與莊子「內聖外王」研究》（台中：東海大學哲學系博士論文，2003 年 6 月）。
8. 曾議漢：《禪宗美學研究》（台北：中國文化大學哲學研究所博士論文，2004 年 6 月）。
9. 杜立方：《六朝美學與玄學的關聯》（台北：中國文化大學中國文學研究所博士論文，2006 年 7 月）。
10. 洪啓智：《論李白遊仙詩的文化心理與主題內容》（桃園：國立中央大學中國文學系在職專班碩士論文，2006 年 6 月）。
11. 林秀香：《《莊》《列》思想比較》，高雄：高雄師範大學國文學系博士論文，2006 年 7 月。
12. 陳敬介：《李白詩研究》（台北：東吳大學中國文學系博士論文，2006 年 6 月）。
13. 李涵芃：《莊子生死學研究》（嘉義：南華大學哲學系碩士論文，2007 年 6 月）。
14. 許家琍：《李白詩「風」意象之研究》（彰化：國立彰化師範大學國文研究所國語文教學碩士班碩士論文，2009 年 6 月）。
15. 陳舒吟：《列子對生命教育的啓示》（台北：輔仁大學宗教學研究所碩士論文，2010 年 6 月）。

16. 陳念蘭：《李白酒詩與盛唐氣象之研究》（台北：國立臺灣師範大學國文學系教學碩士班碩士論文，2011 年 6 月）。
17. 李錫佳：《道家美學與藝術精神》（台北：中國文化大學哲學系博士論文，2012 年 7 月）。
18. 李欣霖：《唐君毅生命療癒思想研究》（嘉義：南華大學，哲學與生命教育學系碩士論文，2012 年 6 月）。
19. 彭心怡：《或躍在淵：一位生涯助人工作者應用易經與道家哲學的實踐與反思歷程》（台北：輔仁大學心理學系博士論，2016 年 6 月）。

五、期刊論文（以出版時間排序）

1. 阮廷瑜：〈酒是李詩中的養料〉《中國書目季刊》17 卷第三期（1983 年 12 月）。
2. 王邦雄：〈道家思想的時代意義〉《鵝湖月刊》110 期（1984 年 8 月）。
3. 呂興昌：〈和諧的剎那——論李白詩的另一種生命情調〉，收入呂正惠編：《唐詩論文選集》（台北：長安出版社，1985 年）。
4. 陳榮灼：〈重建中國哲學途徑之探索〉《鵝湖月刊》137 期（1986 年 11 月）。
5. 陳昌渠：〈李白創作個性略說〉，收錄《李白研究論叢》（成都：巴蜀書社，1987 年 12 月）。
6. 朱易安：〈莊周夢蝶——李白詩歌用事小議〉收入李白研究學會編：《中國李白研究（1990 年集）》（南京：江蘇古籍出版社，1990 年 9 月）。
7. 董光壁：〈當代新道家興起的時代背景〉《自然辯證法通訊》，第二期，1991 年。
8. 潘小慧：〈哲學諮商的意義與價值—以「對話」爲核心的探討〉，《哲學與文化》第卅一卷，第一期（1994 年 1 月）。
9. 趙衛民：〈道家美學〉收錄淡江大學中文研究所主編：《文學與美學》第五集（台北：文史哲學出版社，1995 年 9 月）。
10. 劉笑敢：〈老子之自然與無爲概念新詮〉《中國社會科學》，第 6 期（香港：香港社會科學出版社，1996 年 5 月）。
11. 林鐘美：〈含淚的狂笑——談李白詩歌的崇高悲壯美〉《西安教育學院學報》第一期（1999 年 3 月）。
12. 張京華：〈說新道家——兼評董光壁《當代新道家》〉《鵝湖月刊》304 期（2000 年 10 月）。
13. 鍾振宇：〈海德格後期語言哲學及其與王弼語言觀之一些比較〉第三卷第二期（香港：人文月刊哲學論文集，2000 年 8 月）。
14. 杜保瑞：〈儒道互補價值觀的方法論探究〉《哲學與文化》第 330 期（2001 年 5 月）。

15. 杜保瑞：〈郭象哲學創作的理論意義〉《國學學刊》第四期（2009 年 12 月）。
16. 葛景春：〈詩酒風流——試論酒與酒文化精神對唐詩的影響〉，《河北大學學報》，第二期（2002 年 1 月）。
17. 黃永健：〈從李白的觴詠看唐代的酒文化〉《中國文化研究》夏之卷（2002 年 6 月）。
18. 顏國明：〈「《易傳》是道家《易》學」駁議〉，《中國文哲研究集刊》第 21 期（台北：中央研究院中國文哲研究所主編，2002 年）。
19. 魏書娥：〈生／死建構的社會考察〉，《生死學研究》創刊號，嘉義，南華大學，2003 年 12 月。
20. 饒宗頤：〈「太一」古義及相關問題〉收錄《饒宗頤二十世紀學術文集》卷三（台北：新文豐，2003 年 10 月）。
21. 陳書梅：〈閱讀與情緒療癒——淺談書目療法〉《全國新書資訊月刊》，台北：國立圖書館，2008 年 12 月）。
22. 尤淑如：〈作爲倫理實踐的哲學諮商〉（台北：輔仁大學天主教學術研究院，哲學與文化第卅七卷，第一期 2010 年 1 月）。
23. 慈濟人文臨床與療癒研究群：《人文臨床與療癒的基本探問——跟境域之對攀引》，（花蓮：慈濟大學人文社會學院，2010 年 11 月）。
24. 杜保瑞：〈對牟宗三道家詮釋的方法論反省〉，第八屆「詮釋學與中國經典詮釋——「全球化」作爲「視域融合」的詮釋學經驗」國際學術研討會，成功大學中文系與中國山東大學文史哲研究院合辦（2011 年 11 月）。
25. 廖美玉：〈重讀李白——「莊、屈」異質共構的理論與實證〉，收入《羅聯添教授八秩晉五壽慶論文集》（台北：臺灣學生書局，2011 年 5 月）。
26. 陳相因：〈自我的符碼與戲碼〉，《中正大學——人文風景研習營》會議論文（2013 年 10 月）。